오늘도 나를
다정히 안아주는
중입니다

오늘도 나를 다정히 안아주는 중입니다

초판 1쇄 2025년 11월 11일
지은이 김숙영 | **펴낸이** 송영화 | **펴낸곳** 굿웰스북스 | **총괄** 임종익
등록 제 2020-000123호 | **주소** 서울시 마포구 양화로 133 서교타워 711호
전화 02) 322-7803 | **팩스** 02) 6007-1845 | **이메일** gwbooks@hanmail.net
ⓒ 김숙영, 굿웰스북스 2025, *Printed in Korea*.
ISBN 979-11-7099-044-4 03810 | **값 18,500원**

※ 파본은 구입하신 서점에서 교환해드립니다.
※ 이 책에 실린 모든 콘텐츠는 굿웰스북스가 저작권자와의 계약에 따라 발행한 것이므로
  인용하시거나 참고하실 경우 반드시 본사의 허락을 받으셔야 합니다.
※ **굿웰스북스**는 당신의 풍요로운 미래를 지향합니다.

오늘도 나를
다정히 안아주는
중입니다

김숙영 지음

굿웰스북스

추천사

"삶의 방황을 끝내고 나아가기를 바랍니다."

남궁수경 『세상 제일 행복한 삼남매 육아』 저자

    살면서 누구나 몇 번이고 고민과 혼란의 시기를 겪습니다. 특히, 결혼 이후의 삶은 자신의 못난 부분을 마주하게 되고 고민에 빠지게 합니다. 세상 당연한 것이 나에게만은 큰 벽으로 다가올 때도 있습니다. 타인에게 바보 같아 보이지 않기 위해 최선을 다해 발버둥치지만 마음만 고될 뿐입니다. 내가 나를 인정하지 않았기 때문입니다. 김숙영 작가님은 상처는 끝이 아니라 시작이라고 말합니다. 작가의 글에는 아픔을 감추지 않으려는 용기와 그 시간을 통과하며 자신을 다시 세운 흔적이 고스란히 담겨있습니다.

    이러한 성장은 '나'를 알아채는 것에서부터 시작합니다. 그리고 완벽함을 내려놓는 순간 앞으로 나아갈 수 있게 됩니다. 이 책은 그러한 과정을 솔직하고 충실하게 기록합니다. '나다운' 삶을 위해 진짜 삶에서 고군분투하고 있습니다. 나 스스로가 나에게 도착하여 마음의 평안을 얻는 일. 그리고 앞으로 나아가는 길. 이 책은 상처를 회피하지 않고 마주한 이들이 결국 얼마나 단단해질 수 있는지를 보여주는 기록입니다. 각자의 어둠 속에서도 자신만의 빛을 찾아가려는 모든 이들에게, 이 책은 다정한 등불이 될 것입니다.

"완벽하지 않아도, 결국 우리는 도착한다."
조소연 춘천 같이 성장 북클럽 리더

이 책은 '완벽한 나'를 만드는 여정이 아니라 '진짜 나'에게 도착하는 과정에 대한 기록이다. 김숙영 작가는 두려움과 기대 사이에서 펜을 들었다.

'잘할 수 있을까', '누군가에게 도움이 될까' 하는 불안한 마음으로 글을 쓰기 시작했다. 그 여정에서 결국 자신에게 도달하는 길을 발견했다. 이 책은 그 배움의 흔적이며, 한 사람이 자기 자신과 소통하고 화해하며 치유하고 성장해온 시간의 집합이다.

김숙영 작가는 정직하다. 그녀는 자신을 숨기지 않는다. 흔들림과 부족함, 그리고 흔들림과 부족함 속에서도 꺼지지 않는 마음의 온도를 드러낸다. 우리는 이 책을 통해 '잘 살아야 한다'는 강박 대신 '이대로 살아도 괜찮다'는 따뜻한 위로를 받는다. 완벽함을 향한 경쟁의 시대에, 작가는 조용히 말한다.

"괜찮아, 지금 이 순간의 너면 충분해."

책을 읽다 보면, 그녀의 메시지는 '자기 이해'에서 '자기 돌봄'으로, 그리고 '자기 회복'으로 이어진다. 작가는 '나'를 탐구하는 일을 어렵고 진지한 과제로 여기지 않는다. 오히려 일상 속 작은 선택들, 감정의 미세한 결, 마음을 살피는 사소한 시간 속에서 나를 발견할 수 있다고 말한다. 그 여정은 눈부신 성공담이 아니다. 인간적인 실수와 회복의 이야기다. 작가는 말한다.

"두려워해도 된다. 나를 마주하는 일이 처음이니까."

이 고백이야말로 독자에게 가장 큰 위로이자 용기다.

이 책을 읽는 동안 독자는 자연스레 작가의 호흡에 동화된다. 서두르지 않는 문장들, 다정한 어투, 그리고 스스로를 향한 존중이 글마다 스며 있다. 그 안에서 우리는 자신을 평가하고 단정 짓던 잣대를 내려놓게 된다. 타인의 기대에 맞추며 살아온 삶이 얼마나 우리를 지치게 했는지, 잊고 있던 질문들이 떠오른다.

"나는 지금 어떤 나로 살고 있는가?"

"나는 내 마음에 얼마나 친절한가?"

작가의 글은 독자에게 이 질문을 던지고, 그 답을 찾는 길을 함께 걸어준다.

특히 인상적인 점은, 작가가 '자기 성장'을 이야기하면서도 그 여정을 결코 혼자만의 것으로 남기지 않는다는 것이다. 그녀는 '스스로에게 다정해야 나도 누군가에게 다정해질 수 있다'고 말한다. 자신을 돌보는 일은 곧 타인을 사랑하는 일이며, 자기 안의 평화를 찾을 때 비로소 세상을 더 따뜻하게 바라볼 수 있다는 사실을 보여준다. 이 책은 '나를 위한 글'이면서 동시에 '누군가를 위한 위로의 언어'이기도 하다.

　마지막 장을 덮을 때쯤, 독자는 깨닫게 된다. 이 책이 말하는 '도착'은 끝이 아니라 시작이라는 것을. 우리는 완벽하지 않아도 괜찮다. 다만 오늘의 나를 인정하고, 지금의 나를 지킬 수 있다면 그것으로 충분하다. 작가가 걸어온 길은 우리에게 말없는 자신감을 전해준다.
　"나도 나를 지킬 수 있다."

　이 책은 그래서 단순한 에세이가 아니다. 그것은 삶의 언어로 쓴 한 편의 '자기 회복의 선언문'이다. 작가가 건네는 문장마다 담겨 있는 진심은 독자의 마음을 부드럽게 열어준다. 그리고 그 열린 자리에서 우리는 다시금 '나에게로 돌아가는 길'을 발견한다.
　이 책을 읽는 동안, 당신은 아마도 미소 짓게 될 것이다. 그리고 이렇게 속삭일 것이다.
　"완벽하지 않아도 괜찮아. 나도 나에게 도착하고 있는 중이니까."

"오늘도 나를 다정히 안아줄 수 있어서 참 다행이다."

김범석 인문학 읽어주는 경영인

    삶은 복잡하지만, 그 안에는 언제나 우리를 다정히 감싸는 순간이 있다. 이 책은 그 섬세한 순간을 붙잡아 '나를 다정히 대하는 법'을 일깨워주는 따뜻한 기록이다.

    나는 이 책을 코칭 과정에서 지켜보며 글은 단순한 기록이 아니라, 자신을 발견하고 세계와 연결되는 다리임을 확신했다. 그리고 이 책을 덮는 순간, 당신도 이렇게 말하고 싶을 것이다.

    "오늘도 나를 다정히 안아줄 수 있어서 참 다행이다."

"괜찮아요, 지금 모습 그대로도 충분히 아름다워요."

추소영 『힐링리포트: 채소과일식의 반란』 저자

    세상은 우리에게 늘 완벽함을 요구합니다. 잘 살아야 한다는 압박, 괜찮은 척해야 한다는 습관 속에서 우리는 종종 진짜 자신을 잃어버린 채 살아갑니다. 그때 김숙영 작가의 『오늘도 나를 다정히 안아주는 중입니다』는 조용히 다가와 이렇게 말합니다.

    "괜찮아요, 지금 모습 그대로도 충분히 아름다워요."

이 책은 단순한 위로를 주는 에세이가 아닙니다. 작가가 스스로의 상처와 불안을 마주하며 써 내려간 진심의 기록이자, 자신을 이해하고 회복하는 여정입니다. 작가는 완벽함을 향한 경쟁 대신, 작은 선택과 감정의 회복을 통해 자신에게로 돌아가는 길을 보여줍니다.

그의 문장은 따뜻하지만 단단하고, 담담하지만 깊은 울림을 남깁니다. 삶의 상처를 숨기지 않고 꺼내어 나누는 용기, 감사를 통해 긍정을 회복하는 힘, 그리고 있는 그대로의 나를 존중하며 살아가는 법이 이 책 전반에 고요하게 흐르고 있습니다.

책장을 덮는 순간, 독자는 알게 됩니다. 행복은 완벽함 속에 있는 것이 아니라 불완전한 나를 사랑하는 그 순간에 이미 존재한다는 것을요.

『오늘도 나를 다정히 안아주는 중입니다』는 자신을 잃어버린 모든 이들에게 다시 자신에게로 돌아가는 따뜻한 길이 되어줄 책입니다. 김숙영 작가의 진심은 이 책의 모든 문장 속에서 살아 있습니다. 그 진심이 독자의 마음에 닿아, 오늘도 누군가의 삶을 부드럽게 변화시키길 바랍니다.

프롤로그

완벽하지 않아도 괜찮아

완벽함이란 없습니다. 완벽한 선택도 없고, 완벽한 과정도 없어요. 중요한 건 그 선택에서 무엇을 배우고 어떻게 나아가느냐입니다. 완벽을 고민하느라 힘을 주기보다는, 선택했다면 그것을 받아들이고 그 안에서 의미를 찾아야 합니다. 결국 우리를 성장시키는 건 생각이 아니라 '작은 행동'입니다. 작은 행동은 생각의 영역을 넓히고, 상상력을 자극하며, 반짝이는 꿈과 희망으로 이어집니다.

책을 잘 읽고 싶어서 독서 모임에 가입했고, 글을 쓰고 싶어서 블로그를 개설했습니다. 자기 계발 플랫폼 아이캔 대학에서 공부하며 자기 역사도 쓰고, 전자책도 냈지요. 10명의 작가와 함께 공저『책을 펼친다, 나를 읽는다』도 출간했습니다. 이 모든 것은 단 하나의 용기, 즉 '그냥 해 보자'라고 실천했던 덕분입니다. 이제는 혼자서도 책을 쓰고 있으니, 이것이야말로 진정한 변화가 아닐 수 없습니다. 책을 쓰는 일은 독서를 통해 자연스럽게 품게 된 꿈이었습니다.

매일 꿈을 향해 조금씩 나아간다는 것은, 매일 의미 있는 한 가지 일을 한다는 삶의 의욕을 불러일으켰습니다. 물론 글을 쓴다는 건 즐거움만 있는 일은 아니었습니다. 독서와는 전혀 다른 차원의 고된 일이었고, 때로는 버거웠어요. 하지만 글을 쓰며 공부한 내용은 저에게 깊은 안정감과 통찰을 안겨 주었습니다. 그 경험은 정말 소중했고, 그 안에서 자유와 행복을 더 크게 느낄 수 있었습니다.

마이클 A. 싱어의 『상처받지 않는 영혼』에는 이런 문장이 나옵니다.
"삶에 진정한 의미를 부여해 주는 것은 삶을 기꺼이 살고자 하는 태도다. 그것은 어떤 특별한 사건이 아니라 삶의 순간들을 기꺼이, 오롯이 경험하고자 하는 태도다."

제가 원하는 일을 미루지 않고 진지하게 바라보고, 작게라도 실천해 나갔습니다. 예전에는 결과가 나오지 않을까 봐 아예 도전하지 못했지만, 이제는 도전하고 경험하는 그 자체에 의미를 두고 있어요. 그 생각의 전환이 성장시킨 것입니다.

이런 행동 속에서 강점 하나를 발견했습니다. 그것은 '사람을 잘 믿는

다'라는 것이었습니다. 책에 나온 말도 믿고, 사람들의 진심도 잘 믿었습니다. 그렇게 신뢰하며 실천하다 보니, 제 주변에는 어느새 긍정적인 사람들로 가득 찼습니다. 그들과 소통하면서 "하면 된다"라는 말을 자주 들었고, 그 말들은 제 행동에 힘을 실었습니다. 결국 작은 실천들이 쌓여 지금의 저를 만들었습니다.

"인생이 온통 어둠에 둘러싸인 것처럼 느껴질 때, 가장 좋은 친구는 언제나 나의 강점이다. 강점을 붙잡는 것만이 짙은 어둠을 벗어날 수 있는 단 하나의 출구다."

- 갤럽 프레스, 고현숙, 『위대한 나의 발견 강점혁명』

과거에는 내면의 어둠에 갇혀 괴로워했지만, 믿고 따르며 실천한 끝에 저를 이해하고 훈련할 수 있었고, 많은 변화를 경험했습니다. 저 같은 사람은 절대 책을 낼 수 없을 거라 단정 지었습니다. 누군가에게 생각을 말하는 것조차 어려운 사람이 책을 쓰다니요. 당치도 않지요. 세상에서 글쓰기가 가장 싫었습니다. 하지만 지금은 '누구나 글을 쓸 수 있다.'라고 생각합니다. 사람은 누구나 마음만 있다면 변하고 성장할 수 있기 때문입니다. 제가 바로 그 증거입니다.

한때, 꼭꼭 감추고 살아야 안전하다고 믿었습니다. 마음을 들키는 게 두려웠고, 착하지 않으면 버림받을까 두려웠습니다. 솔직하게 드러내는 건 용기가 아니라 위험한 선택처럼 느껴졌습니다. 하지만 점점 깨달았습니다. 내가 나를 표현하지 않으면, 아무도 나를 진짜 이해할 수 없다는 걸. 나 자신에게조차 솔직하지 않으면, 결국 내가 나를 잃어버린단 걸요.

이제는 완벽함을 내려놓고 시작합니다. 결과는 걱정하지 않고, 과정을 충실히 살아냅니다. 결과가 어떻든 그것을 그대로 받아들이고 존중하는 것, 그것이 진정한 성장이고 행복입니다. 결과로 내 가치를 판단하지 않고, 있는 그대로의 나를 공감해 주고 존중하는 것, 그것이 가장 근본적인 변화의 출발점입니다.

이 책은 저의 이야기이자, 누군가의 이야기입니다. 마음속 깊이 숨겨둔 상자를 꺼내 보고, 그 속에 어떤 욕구가 있었는지를 천천히 들여다본 시간의 기록입니다. 완벽하지 않아도 괜찮다고, 지금, 이 순간의 나도 충분히 '괜찮다.'라고 말해 주기 위해 썼습니다. 나를 미워하던 시간에서 벗어나, 매일의 작은 선택으로 진짜 나답게 살아가는 길을 함께 걸어가는 여정을 담고 있습니다.

1장은 '진짜 나로 살지 못해 외롭고 두려웠던 시간'을 돌아보며 시작합니다. 남들의 시선과 기대에 맞춰 살며 감정과 욕구를 숨겨온 내가, 어떻게 작은 용기와 표현을 통해 진짜 나를 찾아갔는지를 담았습니다. 실수를 두려워하며 가면을 쓰고 살던 삶에서 벗어나, 솔직하게 나를 드러낼 때 비로소 자유와 연결, 성장의 길이 열린다는 메시지를 전합니다.

2장은 왜 내 마음이 숨겨져야 했는지를 어린 시절의 상처와 관계의 두려움에서 찾아갑니다. 인정받고 미움받지 않기 위해 감정과 욕구를 숨겨온 시간이 어떻게 나를 가두었는지 솔직하게 풀어내며, 변화는 두려움을 넘어 솔직함을 표현하는 작은 선택에서 시작된다는 것을 보여 줍니다. 숨고 싶은 마음을 이해하되, 더 이상 숨기지 않고 나를 표현하는 것이 진짜 자유로 가는 길임을 담고 있습니다.

3장은 타인의 시선과 완벽주의에 갇혀 자신을 미워했던 시간을 따뜻하게 마주하고 수용해 가는 여정을 담고 있습니다. '있는 그대로의 나'를 인정하며 감정과 욕구를 솔직히 표현하는 것이 진짜 자유와 자기 신뢰의 시작임을 알려 줍니다. 모든 경험은 결국 단단한 나를 만들어간다는 희망의 메시지를 전합니다. 완벽하지 않아도 괜찮으며, 이제는 나 자신을 믿고 용기 있게 한 걸음 내디딜 수 있음을 깨닫게 해 줍니다.

4장은 '새로운 선택이야말로 내 삶을 바꾸는 힘'임을 전합니다. 작은 시도와 실천이 쌓여 변화와 성장으로 이어지고, 자신의 의지로 하루를 선택할 때 진정한 자유를 느끼게 된다는 메시지를 담고 있습니다. 완벽하지 않아도 괜찮으며, 오늘의 작은 선택이 내일의 나를 만들어 간다는 용기와 희망을 전합니다.

마지막으로 30일 실천 노트는 '하루 10분, 나와 마주하며 나를 돌보는 연습'에 대한 여정입니다. 몸과 감정을 느끼고, 작은 선택과 감사의 마음을 통해 나를 존중하고 사랑하는 연습을 구체적으로 실천하게 됩니다. 이 여정 끝에서 우리는 '진짜 나'와 만나며, 매일의 선택으로 나를 빛나게 할 수 있다는 깊은 확신을 얻게 됩니다.

지금부터, 당신은 자신을 깊이 이해하고 돌보며, 삶의 주인으로서 새로운 한 걸음을 내디뎌 보세요. 넘어지고 숨고 싶었던 많은 날들…. 나를 위해 애써온 당신에게 이제는 말해 주고 싶습니다. 당신은 애쓰지 않아도 괜찮고, 마음을 숨기지 않아도 괜찮고, 지금 이 모습으로도 충분히 괜찮다고요.

당신이 누구인지
무엇을 원하는지
어떤 삶을 살아가고 싶은지….

이 책이 당신에게 다정한 거울이 되어 주길 바라며….
오늘도, 스스로에게 도착하는 중인 당신에게.
그 여정의 첫걸음이 되길 바랍니다.

추천사   5
프롤로그   완벽하지 않아도 괜찮아   11

1장

진짜 나를 잃어버린 시간

: 상처와 불안을 마주하는 시작

1. 거짓된 삶 속에 갇힌 나   23
2. 흔들리는 마음, 사라져 가는 본모습   36
3. 진실하고 온전할 때 자유를 얻는다   42
4. 스스로를 인정할 때 행복이 열린다   51

2장

숨겨 온 마음과 마주하기

: 두려움 뒤에 감춰진 내 진짜 속마음

1. 감정을 숨기기 시작한 순간들   61
2. 누구나 숨고 싶을 때가 있다   75
3. 진짜 나를 보지 못하게 만든 욕심   87
4. 바꾸지 않으면 반복된다   96
5. 달라지려면 새로운 선택을 하라   106

3장

불완전한 나를 받아들이기

: 당신이 느끼고 생각한 그대로 직진

1. 스스로를 미워했던 시간마저 안아주기   117

2 있는 그대로 나를 마주하기　　　　　　126
3 내가 느끼고 생각한 그대로 옳다　　　　135
4 모든 경험이 쌓여 단단한 나를 만든다　146

4장

나를 만드는 매일의 선택

: 나를 온전히 존중하는 순간

1 새로운 선택이 열어 주는 길　　　　　　161
2 나와 진정한 연결이 이루어지는 순간　　173
3 마음을 다독이며 앞으로 나아가기　　　　182
4 나는 충분히 달라질 수 있다　　　　　　　189

30일 실천 노트

: 나와의 만남

1 몸을 돌보면 마음도 달라진다　　　　　　205
2 있는 그대로의 마음 알아보기　　　　　　215
3 있는 그대로의 나를 존중하는 연습　　　　225
4 감사의 마음이 긍정을 만든다　　　　　　235
5 나다운 삶으로 미래 그리기　　　　　　　245

에필로그　내가 나에게 도착하는 길　　　　249

1장

진짜 나를
잃어버린 시간

: 상처와 불안을 마주하는 시작

"거짓된 나는 외롭습니다. 진짜 나를 불러와 내 삶을 살아야 해요. 진짜 나를 받아들일 때, 비로소 타인과 진정한 연결을 경험할 수 있습니다. 이제는 나를 숨기지 말고, 내 삶의 주인공으로 살아가 봐요."

1

거짓된 삶 속에 갇힌 나

"너 그렇게 하면 다른 사람들이 뭐라고 하겠니?"

아버지가 늘 제게 했던 말입니다. 언제나, 누군가가 저를 보고 있다고 생각하며 살았습니다. 내 행동이 누군가의 신경에 거슬리지는 않을까. 혹시라도 지적당하면 어쩌나, 세상에서 가장 무서운 일은 잘못을 드러내고 지적받는 것이었습니다. 실수하면, 사람들은 떠나버릴 것 같았고, 다시는 돌아보지 않을 것만 같았어요. 누군가의 관심 없이 살아가는 삶은 상상할 수조차 없었습니다. 다른 사람의 관심 없이는 제 인생도 없었어요.

모든 사람에게 사랑받고 싶었습니다. 왜 그렇게 사랑받고 싶을까 곰곰이 생각했어요. 그것은 혹시라도 제가 어려운 상황에 처했을 때, '저 아이는 착했으니까 도와줘야지' 하며 도움을 받을 수 있을 것 같았어요. 살다 보면 누구나 어려운 순간은 찾아오니까요. 그럴 때 착한 아이라면 누군가는 손 내밀어 줄 거라 강력히 믿고 있었습니다.

갈등은 지옥이었습니다. '혹시 나를 떠나버리면 어떡하지?' 하며 전전긍긍했고, 제 마음이 상처받는 것은 상관없이 온 마음을 다해 그 사람의 마음을 풀어 주려 애썼습니다. 그래야만, 제 곁에 머물러 돌봐주고 아껴 줄 거라 믿었어요. 못된 아이로 각인이 되거나, 기억에서 지워지는 것은 생각조차 하지 못했습니다. 그건 있을 수 없는 일이었어요. 그만큼 깊은 내면에는 의식조차 할 수 없었던 외로움과 두려움이 자리 잡고 있었습니다.

초등학교 2~3학년 때였어요. 그땐 정말 말이 없는 아이였습니다. 학교에서 온종일 한마디도 하지 않고 돌아온 날이 많았던 것으로 기억해요. 그런데 그 시절을 떠올리면 유독 잊히지 않는 장면이 하나가 있습니다. 마음 한편에 아쉬움이 가득했던 날이었어요. 함께 몇 마디를 나눌 수 있던 유일한 친구가 전학을 가던 날이었습니다. 그 친구와 저는 반에서 특별히 어울리는 친구는 없었지만, 서로의 존재로 묘한 위로를 주고받던 사이였죠. 그렇게 끈끈한 사이는 아니었지만, 외로운 교실에서 유일하게 의지할 수 있었던 친구였습니다.

그 친구가 전학을 가던 날 조심스럽게 현관까지 따라 나갔습니다. 인사를 하고 싶었어요. "잘 가." 한마디라도 건네고 싶었고, 손이라도 흔들고 싶었습니다. 하지만 그러지 못했습니다. 혹시라도 다른 친구들이 뭐라고 할까, 나를 이상하게 보진 않을까, 그 순간에도 다른 이들의 평가가 두려웠습니다. 이 친구가 떠나고 나면 남은 아이들과는 잘 지내야 하니까요. 결국 말 대신 서글픈 눈으로 친구를 바라보았고, 마음속으로 '잘 가.'라고 말하며 상상 속에서 손을 흔들었습니다. 그 친구가 떠난 뒤, 저는 더 조심스럽고 말 없는 아이가 되었습니다. 누군가의 신경에 거슬리지 않도록, 매일 눈치로 살아가는 아이로 남게 되었죠.

성인이 된 이후도 별반 다르지 않았습니다. 사람들이 늘 저를 주시한다 생각했고, 작은 실수 하나로도 단칼에 버릴 것 같은 두려움 속에 살았습니다. 언제나 그렇게 다른 사람들의 시선에 갇혀 '나' 외의 모든 사람에게 잘 보이려 애썼습니다. 혼자만의 세계에서 모든 사람에게 잘 보이려고 살아온 저는 과연, 그렇게 간절히 바랐던 사랑을 얻을 수 있었을까요?

조작된 모습

 늘 상대를 중요시하며 상대에게만 맞춰 가는 삶은 긴장의 연속이었습니다. 문득 생각했습니다. 사랑받는 것이, 이렇게 긴장될 일인가? 사랑받는다는 건 어떤 느낌일까요? 제가 생각하는 사랑받는 느낌은 어떤 잘못이 있어도 설명하지 않아도 괜찮다고 말해 주는 순간, 괜히 눈물이 날 것 같은 포근함이 밀려오는 그 순간입니다.

 "지금 이대로도 괜찮아." 이렇게 말해 주는 안도감 속에서 나답게 행동할 수 있게 됩니다. 더는 눈치 보지 않고, 사람들 앞에서 긴장하지 않고, 그냥 나로 있어도 괜찮다는 마음. 그게 바로, 제가 느끼는 사랑받는 느낌입니다.

 그런데, 제 삶은 제가 바라는 그런 사랑과는 달랐습니다. 사랑받고 싶을수록 오히려 더 미움받지 않기 위해 애쓰며 살았던 것 같아요. 사람들에게 미움받지 않기 위해, 잘 보이고 싶어서, 늘 상대의 기분을 살피고 눈치를 보며 살았습니다. 늘 착한 아이로 보이면서 그렇게 사랑받기를 간절히 바랐던 거죠.

 어느 날, 친구에게서 만나자는 연락이 왔습니다. 사실 그때 엄청 바빴어요. 하지만 만나자는 것을 거절하면 그 친구에게 미움을 받을 것 같아 거절하지 못했죠. 친구는 자신의 이야기를 했어요. 별로 흥미가 없었지만, 미움받지 않기 위해 열심히 고개를 끄덕이고 반응했어요. "와! 진짜 대단하다!", "아~ 그렇구나!" 하고 추임새를 넣고, 공감하고, 관심을 보였어요. 하지만 속으로는 지루했죠.

  집으로 돌아오는 길, 무척 지치고 피곤했습니다. 친구 이야기를 끝까지 들어 주며 좋은 친구처럼 행동했는데, 어딘지 모르게 마음이 찜찜했어요. 기분 좋게 헤어진 것 같았지만, 오는 길 내내 마음은 공허했습니다. 친구는 괴로움과 불만을 털어놓았는데 사실 저에겐 부러운 얘기였어요. 그렇지만 진심으로 친구의 괴로움에 공감하는 척하며 이야기를 듣고 그런 제 모습이 너무 가식적이라는 생각이 들었습니다. 부럽다면 부럽다고 얘기하면 되는데 그런 얘기는 하지 못하고 친구의 이야기에 정말 공감하는 척 마냥 듣고 있었죠. 제 마음은 속이고 친구를 위하는 척 위로했죠. 그렇게 감정을 조작했고, 거짓된 모습이 쌓여 갈수록 감정은 점점 희미해졌습니다.

  처음엔 몰랐어요. 미움받지 않기 위해, 잘 보이기 위해 감정을 숨기는 건 너무 당연하다 여겼거든요. '미움만 받지 않으면 되는 거잖아.'라고 생각하며, 남의 이야기를 잘 들어 주는 나는 꽤 괜찮은 사람이라고 스스로 위로했어요. 하지만 시간이 흐를수록, 그런 일들이 쌓이고 또 누적되면서 점점 감정을 잊어 갔고, 나라는 사람이 무슨 생각을 하고 있는지조차 몰랐습니다.

  '지금 감정은 어떻지?', '내가 지금 진짜 원하는 게 뭐지?' 정말 몰랐습니다. 답답하긴 한데 그 답답함이 뭔지 알지 못했고, 표현도 어려웠습니다. 얼마나 타인의 시선을 따라 살았는지, 몇 겹의 가면이 제 얼굴에 덕지덕지 씌워져 있었는지… 제 본모습도 모른 채, 그저 착한 아이라는 가면이 벗겨질까 떨고 있던 그 시절의 저를 이제야 보게 되었어요. 정말 애처롭고 가여운 마음이 듭니다. 하지만 이렇게 알아차렸다고 해서 금세 가면을 벗어 던지고 진짜 모습을 마주할 수는 없었습니다.

불안한 관계

친구와 이야기하는 중이었습니다. 한 친구가 최근 본 TV 프로그램이 재미없었다고 말했어요. 다른 친구들도 정말 별로였다며 맞장구를 쳤죠. 그런데 저에겐 정말 감동적이고 좋았던 작품이었습니다.

'나만 다르게 느낀 걸까?', '내가 좋다고 하면 이상하게 보일까?' 이런 생각이 스치면서 제 마음을 꾹 눌러 담고, "그래, 좀 별로였어." 그렇게 친구들의 의견에 맞췄습니다. 그런데 그 순간, 마음이 찌그러지는 느낌이 들었어요. 진짜 하고 싶은 말을 하지 못하고 '이 말 해도 괜찮을까?'를 먼저 고민하는 저를 알아챘죠. 집으로 돌아오는 길, 마음이 텅 빈 것 같았습니다. 진짜 나를 보여 줄 수 없는 관계에는 진짜 기쁨도 없다는 걸 깨달았어요. 그저 웃는 척, 공감하는 척. 가식뿐인 웃음 사이에서는 진실한 즐거움이 없었죠.

자신이 없었습니다. 제 느낌과 생각을 솔직하게 말하면 관계가 끝나 버릴 것만 같았고, 더 이상 저를 좋아하지 않을까 봐 두려웠어요. '남들과 생각이 다르면 버림받는다'라는 믿음이 마음 깊은 곳에 자리 잡고 있었던 거죠. 게다가, '내 생각은 틀렸다'라는 확신까지 가지고 있었기에 이런 마음이 드러나면 친구들이 저를 이상하게 여기고 더는 어울려 주지 않을 것 같았습니다.

질문하는 것도 어려웠습니다. 혹시, '그런 것도 몰라?'라는 말이 돌아올까 봐, 다들 아는 걸 왜 물어보냐며 비웃을까 봐 겁이 났거든요. 상대와 의견이 다르다는 것도 두려웠습니다. 질문을 하거나 다르게 말하면 '아무것도 모르는 바보', '이상한 사람'이라는 낙인이 찍힐 것 같았어요. 그래서 늘 저를 감추며 살았습니다. 하지만 그렇게 애써도, 관계는 불안하기만 했습니다. 그 이유는 사실 상대가 보는 건 진짜 내가 아니라 내가 만들어 낸 '가짜 나'였기 때문입니다. 내가 만든 가면을 쓰고 그 가면이 언제 벗겨질지 늘 조마조마했고, 가면이 벗겨진 나로는 도저히 삶을 살 수 없었습니다.

항상 남들이 어떻게 생각할지 먼저 고려했습니다. 무언가를 하려고 할 때마다 '남들은 어떻게 했지?'부터 떠올렸고, 행동하면서도 '내가 틀리면 어쩌지?'라는 걱정이 먼저 앞섰습니다. 실수는 특히 무서웠습니다.

실수한 일이 생기면 숨기고 싶었고, 어떻게 해결해야 할지도 몰랐어요. 마음 한쪽에는 누군가 나서서 대신 해결해 줬으면 좋겠다는 막연한 바람도 있었습니다. 그렇게 실수보다 그 실수로 인해 실망할 타인을 생각하며 두려워하며 살았습니다.

직장에 다닐 때, 동명이인인 다른 사람에게 200만 원의 큰 금액을 잘못 지급하는 실수가 발생했습니다. 그 사실을 직장 상사에게 알리지 못했고, 남편에게 전화를 걸어 "어떡하지?"라고 물었습니다. 남편은 "당장 상사에게 말하라"라고 했지만, 도저히 그럴 수 없었어요. 실수를 말하는 순간, 능력 없는 직원으로 볼 것 같았고, 그렇게 보이는 게 정말 두려웠습니다. 차라리 제 돈으로 그 200만 원을 메우는 게 나을 것 같다는 생각까지 들었습니다. 시간이 지나 결국 상사가 그 사실을 알게 되었고, 전화 한 통으로 마무리되었습니다. 타인에게 실망을 안겨 주는 일이 굉장히 두려웠습니다. 그렇게 스스로를 고통으로 몰아갔어요.

정말 두려웠던 건 실수 자체가 아니라, 실수로 인해 무능하다 낙인찍히고 실망을 주는 일이었습니다. 사랑받고 싶은데 실망해서 다시는 나를 상대해 주지 않는다면? 그것보다 두려운 일은 없었습니다. 그 실수 후, 더 완벽해지려 애썼습니다. 하지만 여전히 실수는 있었고, 그럴 때마다 들킬까 조마조마하며 불안 속에 하루하루를 보냈습니다.

그런데 사람들은 제 생각과 달랐습니다. 실수하면 관계가 끊어지고 미워할 줄 알았는데, 오히려 다독이며 묵묵히 도와주었습니다. 그리고 그때마다 말했습니다. "완벽한 사람은 없어.", "사람은 누구나 실수해." 라고요. 그런데도 저는 여전히 무능해지는 것이 두려웠고, 여전히 미움받고 싶지 않았고, 여전히 무언가를 잘못하지 않기 위해 하루하루를 조심스럽게, 조마조마하게 살아갔습니다.

무언가 잘못될까 봐, 도전하고 시도하지 못했습니다. 하고 싶은 것이 있어도 남들의 시선에 갇혀 결국 하지 못하고 포기하곤 했죠. 그렇게 시간은 흘렀고, 점점 '하고 싶은 것'이 무엇인지도 모르게 되었습니다. 해야 하는 일, 하라고 시키는 일만 하는 수동적인 사람이었습니다. 늘 보통이 되려 애썼고, 주변을 살피며 남들의 감정에 나를 맞추려 했습니다. 그렇게 내 감정을 무시한 채 살다 보니, 뒤늦게 올라오는 감정이 있어도 그게 무엇인지조차 알 수 없었습니다.

결국, 내가 아닌 '남'으로 살았습니다. 오랫동안 두꺼운 가면을 쓰고 있었지요. 가면을 쓰고 맺은 관계는 늘 불안했습니다. 어떻게 행동해야 가면이 벗겨지지 않고 잘못하지 않을까, 온 신경이 그것에만 쏠려 있었지요. 타인이 좋다고 한 것은 무조건 좋다고 했습니다. 타인의 마음에 들기 위해 연기하는 배우, 그 사람이 저였습니다. 삶이라는 무대 위에서 나로 살기보다, 남들에게 잘 보이기 위한 역할을 선택했습니다. 분명 제 무대인데, 오직 남들을 위한 연극을 하며 제 손으로 자유를 구속하고 피곤한 삶을 살았습니다. 무대 위 감정도, 욕구도 감춘 채 말하지 못하는 삶. 결국, 그 삶을 선택한 것은 다름 아닌 저였습니다.

진정한 연결

친구들과 만나기 위해 한 달 전부터 약속을 잡았습니다. 다 같이 모이는 게 쉽지 않기에 어렵게 날짜를 정했고, 그날을 특별하게 보내고 싶어 무엇을 할지, 무엇을 먹을지 함께 고민하며 코스를 짰어요. 우리만의 향수를 만들고, 경리단길을 걷고, 화려한 오마카세를 먹고, 돌탑이 있는 아늑한 카페에서 이야기를 나눌 상상을 하니 미소가 절로 지어졌습니다. 그날이 오기만을 기다렸죠.

그런데 만나기로 한 바로 전날, 한 친구가 약속을 취소했습니다. 그 친구의 사정은 충분히 이해할 수 있는 이유였지만, 그런데도 마음 한편이 서운하고 속상한 건 어쩔 수 없었어요. 겉으로는 쿨하게 "알겠어"라고 말했지만, 속에서 맥이 탁 풀렸습니다. 함께 계획을 짜고 기대했던 하루가 무산된 것이니까요. 그런데도 그 속상함을 말하지 못했습니다.

이렇게 감정을 외면하면서까지 친구에게 불편함을 주지 않으려 했던 저는, 정말 괜찮았을까요? 가슴 한구석엔 응어리가 남아 있었지만, 그저 친구를 잃을까 봐, 관계가 틀어질까 봐 끝내 표현하지 못했습니다. 다른 관계에서도 비슷한 일들이 반복되며 차곡차곡 쌓이자 어느 순간

실망도 없고, 서운한 감정도 없는 사람처럼 변했습니다. 내 감정은 중요하지 않다는 신호를 계속 보내며, 자신을 점점 가볍게 취급했죠.

좋은 모습만 보이려고, 진짜 나를 없애고 희생했는데, 결국 돌아온 것은 '이래도 저래도 괜찮은 사람'이라는 이미지였습니다. 상대에게 상처 받았지만, 그것을 표현하지 못하는 둔한 사람이 되어 버렸어요. 그렇게 상대가 저를 무시해도 어쩔 수 없었죠. 저는 이미 그렇게 길들어 있었고, 상처를 계속 받으면서도 그것이 상처인 줄도 모르고 살았습니다. 아무렇지 않은 척했지만, 속엔 응어리가 있었고 그 응어리가 곪고 썩어 가는 줄도 모른 채 점점 더 자신만의 세계로 고립되었습니다.

다른 사람에게 잘해 주는 것, 그것을 진심으로 할 수 있는 방법은 먼저 자신을 돌보는 것부터 출발해야 합니다. 먼저 나에게 친절해야, 다른 사람에게 진심으로 친절할 수 있어요. 진짜 나의 모습, 솔직한 감정과 생각을 보여 주고 마음의 대화를 나눌 수 있을 때, 나와 상대를 깊이 이해하게 됩니다. 그때야 내가 진짜 무엇을 원하는지도 선명해지죠. 반대로, 타인에게 잘 보이기 위해 눈치를 보고 내 감정을 숨기는 것은, 나를 외면하는 동시에 타인과도 진정한 연결을 방해하는 일입니다.

거짓된 관계 속에서 가면을 쓰고 행동하는 것은 결국 자신을 괴롭히는 일입니다. 항상 좋은 사람 역할을 연기하면, 상대는 나를 있는 그대로 바라볼 수 없습니다. 그렇게 꾸며낸 모습으로는 누구와도 진정한 연결을 만들 수 없어요. '좋은 모습만 보이기'는 결국 누구를 위한 일일까요? 나도 아니고, 상대도 아닙니다. 늘 나를 꾸미며 사는 나도 불편하고, 그런 가짜 모습을 보고 잘못 알아가는 상대 역시 결국 피해자가 됩니다. 내가 만든 거짓된 이미지가, 진짜 나로 오해되게 만들기 때문입니다.

결국 진짜 나는 혼자라는 느낌이 깊어지고, 자신을 외롭게 만드는 것은 바로 거짓된 관계였습니다. 갈등과 실수는 누구에게나 있는 일입니다. 그것은 결코 나만의 고통이 아니에요. 사람이라면 누구나 실수할 수 있고, 부족할 수 있어요. 생각의 차이로 갈등이 생길 수도 있죠. 생각이 다르다고 해서 나쁜 게 아니에요. 그런데 그걸 나쁘다고 믿기 시작하면, 내 생각을 말할 용기를 잃고, 결국엔 다른 사람에게 공감받을 기회도 스스로 포기하게 됩니다. 진심을 말하면 '비난만 받을 거야'라는 믿음을 만들어내고, 자신을 더 힘들게 하죠.

사람들에게 비치고 싶은 모습으로 나를 포장하기 시작하면, 진짜 내 모습은 점점 보이기 어려워집니다. 실수할 수도 있고, 완벽하지 않을 수도 있어요. 그렇다고 해서 사랑받을 수 없는 존재는 아닙니다. 오히려 그런 불완전한 모습이야말로 인간다운 것이고, 진정한 연결을 위한 시작점이 될 수 있습니다. 진짜 나를 보여 줄 때, 누군가는 나를 이해하지 못하고 떠날 수도 있어요. 하지만 그것조차도 스스로를 받아들이는 한 과정일 뿐입니다. 그것이 나를 부정하는 것이 아니라, 오히려 나를 있는 그대로 인정하는 과정이라는 것을 잊지 마세요. 진짜 나를 받아들이는 것, 그것이 진정한 연결의 시작입니다.

  친구와 통화를 했습니다. 친구는 약속을 지키지 못했던 일을 꺼냈고, 저는 그동안 마음속에 쌓여 있던 서운함을 조심스럽게 꺼내 놓았습니다. 처음으로, 그날 만나기를 얼마나 고대했고, 얼마나 기대하고 설레었는지를 솔직하게 이야기했어요. 친구는 제 말을 듣고 잠시 놀란 듯했지만, 곧 진심을 이야기해 줘서 고맙다며 앞으로도 서운한 일이 있으면 꼭 말해 달라고 했습니다. 그 순간, 우리 사이에는 어떤 벽이 허물어진 듯했고, 이전보다 더 깊고 솔직한 관계가 되었다는 느낌이 들었습니다.
  사실 그 말을 꺼낼 때 너무 떨렸고, 두근거렸습니다. 친구가 기분이 상하거나, 저를 멀리하게 될까 봐 두려웠거든요. 하지만 용기를 내 감정을 인정하고 솔직하게 표현했을 때, 놀라운 자유로움을 느꼈습니다. 정말 속이 시원했어요. 솔직한 감정 표현은 나를 자유롭게 합니다. 그렇기에 감정을 있는 그대로 인정하고, 믿고, 공감하며, 용기 있게 표현해야 합니다.

  거짓된 나는 외롭습니다. 진짜 나를 불러와 내 삶을 살아야 해요. 진짜 나를 받아들일 때, 비로소 타인과 진정한 연결을 경험할 수 있습니다. 이제는 나를 숨기지 말고, 내 삶의 주인공으로 살아가 봐요.

2

흔들리는 마음, 사라져 가는 본모습

난 괜찮아

중학생 때 어렵게 한 친구를 사귀었습니다. 그 친구는 글씨도 예쁘게 쓰고 말도 또박또박 잘했죠. 제가 가지고 있지 않던 면들을 가진 그 친구는 충분히 매력적인 아이였어요. 같은 반에서 짝이 되어 더 가까워졌고, 어느새 그녀의 집에 놀러 가는 사이가 되었어요. 매일 학교에 가면 함께 이야기할 친구가 생겼다는 사실만으로도 너무 기뻤습니다. 혼자 외롭게 지내지 않아도 된다는 게 참 좋았어요.

하지만 친해진 지 얼마 되지 않아, 친구가 전학 간다는 소식을 들었습니다. 너무 아쉬웠고, 오래도록 연락을 이어 가고 싶었어요. 그래서 서로 우정 선물을 교환하자고 약속했죠. 용돈이 따로 없었지만, 부모님께 받은 버스비를 조금씩 아껴 예쁜 고체 향수를 샀고, 정성스럽게 포장까지 마쳤습니다. 선물을 가방에 담고 설레는 마음으로 그녀를 만났습니다. 그런데 친구는 제게 편지를 건네며, 자기는 학용품을 선물로 받으면 좋겠다고 했습니다. 순간 놀랐어요. 선물을 구체적으로 요구받는 건 처음이었어요. 하지만 이미 선물을 준비한 상태였고, 다시 바꿀 용기도 없어서 미안한 마음으로 고체 향수를 전했습니다. 그리고 기다렸습니다. 그녀가 제게 줄 선물을요. 하지만 아무 소식이 없었고, 결국 아무 말도 하지 못한 채 친구는 전학을 가버렸습니다.

그녀가 전학을 가기 전까지 속으로는 선물을 기대하고 있었어요. 하지만 겉으로는 아무렇지 않은 척했어요. '달라고 하면 속 좁아 보일까 봐', '그냥 믿고 기다리는 게 낫지 않을까?' 하는 마음으로 말하지 않았습니다. 그렇게 '괜찮은 사람'이 되기로 했어요. 받지 못해도 괜찮다고 스스로를 다독였죠. 어차피 선물은 건넸고, 전학을 가도 계속 연락하자고 약속했으니까요. 그렇지만 우리의 우정은 거기까지였습니다.

예상했던 선물도 받지 못한 채, 이별을 맞이했어요. 사실 크게 실망했지만, 그 감정을 스스로 인정하지 않았습니다. '나는 그런 거 신경 안 쓰는 사람이니까 괜찮아'라고 애써 합리화했죠. 실망했다고 말하면, 그동안 저만 그 친구를 소중하게 여긴 것처럼 보일까 봐 두려웠습니다. 속으론 꽤 서운했지만, 겉으로는 대수롭지 않은 척 넘겼어요. 감정을 인정하는 것보다 스스로 괜찮은 사람으로 보이는 게 더 중요했습니다.

이후에도 다른 친구들과 서운한 상황들이 벌어져도 '난 괜찮다'라고 말하며 감정을 밀어냈습니다. 그렇게 감정을 외면한 채 흘려보내는 데 익숙해졌고, 어떤 관계 속에서도, 어떤 일이 있어도 '괜찮아'라는 말이 자동처럼 튀어나왔습니다. 하지만 속은 늘 답답했고, 허전했던 것 같아요. 그게 외로움인지, 서운함인지, 속상함인지도 모른 채요. 반복해서 감정을 무시하다 보니, 제 감정이 뭔지 몰랐고, 관계의 끊어짐이 두려워 더 무뎌져 갔습니다.

나는 나를 잘 몰라

그런 감정 억제는 어느 순간 자신을 낯설게 만들었습니다. 앞서 말한 친구와의 약속이 취소되었을 때도 "괜찮아"라고 말했어요. 그런데 그 상황을 함께 지켜보던 또 다른 친구가 제게 물었습니다. "넌 어떻게 생각해?" 친구는 제 반응이 애매하다고 했죠. 저는 그 말에 당황했고, 머릿속이 하얘졌습니다. '내가 뭘 잘못한 걸까?', '뭐라고 말해야 하지?'라는 생각이 먼저 들었습니다. 그리고 그 순간에도 제 감정보다는, 상대가 나를 어떻게 받아들일지를 더 먼저 고민하고 있었어요.

사실 정말 괜찮은 게 아니었습니다. 단지 갈등이 싫고, 괜찮은 사람이 되고 싶어서 괜찮다고 말했던 거였어요. 하지만 그 말이 오히려 상대를 불편하게 만들 수 있다는 걸 그제야 알았습니다. 친구는 다시 물었습니다. "넌 진짜 괜찮았어?" 그 질문에 저는 내 감정을 들여다보기보다는 이 상황을 빨리 끝내고 갈등을 피하고 싶었어요. 결국 내 마음은 말하지 못한 채 "곤란하게 했다면 미안해."라고 말했어요. 그 한마디면 이 불편한 공기를 없앨 수 있을 거로 생각했거든요.

매번 제 감정을 생각하기보단, 상대가 원하는 말을 찾는 데 집중했습니다. 감정을 들여다보지 않으니 점점 더 알 수 없었고, 어떤 일이 있어도 '괜찮다' 혹은 '미안하다'라는 말로 상황을 마무리하며, 감정을 점점 더 놓치고 말았습니다. 그저 상대가 원하는 답을 찾기 위해 애쓰는 사람이었어요. 그런 삶이 휘둘리는 삶이라는 걸 그때는 몰랐습니다. 버림받지 않기 위해 잘못했다는 소리를 듣지 않기 위해 사람들이 원하는 행동을 했을 뿐이었습니다. 그들이 좋아하는 걸 따라 하고, 그들의 말에 따르고, 그들을 믿었습니다. 자신을 믿지 못했고, 무엇을 좋아하고 원하는지도 알지 못한 채 살았습니다.

상대가 원하는 답을 찾고, 상대의 감정을 먼저 생각하며 살았습니다. 그게 더 편했고, 갈등도 피할 수 있었으니까요. 누군가에게 미움받는 일을 만들고 싶지 않았죠. '이게 잘한 선택일까?', '이런 말 하면 상대가 기분 나빠하지 않을까?', '이 행동 때문에 욕먹진 않을까?' 그렇게 늘 상대의 눈치를 보며 맞추려 했고, 결국 어떤 말도 표현하지 못했습니다. 제 마음은 점점 답답해졌어요.

하고 싶은 말을 거의 하지 못하고 산 것 같아요. 제가 정말 원하는 말을 입 밖으로 꺼낸 기억도 거의 없습니다. 지금 돌아보면, 그런 자신을 참 외롭게 했습니다. 사람들과 함께 있어도, 누군가가 저에게 관심을 보이면 그것을 진심으로 받아들이지 못하고 거짓 관심이겠거니 생각했습니다. 왜냐하면 제 진짜 모습은 볼품없고 이상하다고 믿었기 때문이에요. 그런 제가 관심받는 건 안 될 일이죠. 결국 사람들 속에서 진짜 나를 감춘 채, 거짓된 모습으로 분위기만 맞추며 안타까운 시간을 보냈습니다.

가끔 이런 생각이 들었습니다. '대화에서 분위기를 깨지 않으려면 내가 말하면 안 돼. 내가 끼어들 자리는 없어'. 이런 생각이 문득문득 올라올 때면 마음 한쪽이 답답하고 불편했습니다. 누군가가 진심으로 나를 이해해 줬다고 느낀 적은 거의 없습니다. 정말 괜찮아서 '괜찮아'라고 말한 게 아니라, 상대가 불편해할까 봐, 갈등이 생길까 봐 그렇게 말했던 거예요. 결국 감정을 삼키며 혼자서 소화해 내야 했고, 시간이 흐를수록 점점 '진짜 나'를 잃어 갔습니다.

진짜 나로 살지 못한 채, 상대에게 잘 보이기 위해, 분위기를 맞추기 위해, 어딘가에 맞춰가는 '가짜 나'로 살았습니다. 더 이상 남들 눈치를 보며 외롭고 답답하게 지낼 수 없었습니다. 자신을 믿고, 할 말은 하며 당당하게 살고 싶다는 마음이 커졌어요. 하지만 너무 낯설고 어려웠습니다. 왜냐하면 그동안 제 의견을 말해 본 적이 거의 없었기 때문이에요. '저는 이거 했으면 좋겠습니다.', '저는 이렇게 생각해요, 이런 방향은 어떤가요?' 이런 말들이 제 입에서 자연스럽게 나오기까지는 연습과 시간이 필요했어요. 누군가가 불편해할까 봐, 누군가가 싫어할까 봐, 늘 조심했고, 결국 속마음을 꺼내지 못했습니다.

입을 꾹 닫은 채 자신의 바람을 외면했던 것 같습니다. 그러다 보니, 어느새 제가 진짜 무엇을 원하는지도 하나도 모르는 상태였어요. 그래서 더 간절했습니다. 이제는 정말 '진짜 나'를 찾아야겠다고, 진심으로 느꼈습니다. 더 이상 타인의 눈치 보며 나를 잃고 살 수는 없습니다. 자신을 믿고, 감정을 존중하고, 할 말은 하며 당당하게 살아가고 싶었어요. 그렇다면 이제부터는 내가 무엇을 원하는지, 무엇을 좋아하는지를 자신에게 물으며 살아가야 한다고 생각했습니다. '내가 정말 원하는 게 뭘까?', '나는 뭘 좋아하지?' 그리고 그 질문이 이어졌습니다. '어떻게 해야 나를 더 잘 알 수 있을까?', '어떻게 해야 진짜 나로 살아갈 수 있을까?' 그렇게 매일, 고민하고 성찰하며 나를 향한 질문으로 하루를 채워가기 시작했습니다.

진실하고 온전할 때 자유를 얻는다

　혼자가 두려웠습니다. 학기 초가 되면 늘 긴장되고 불안했어요. 혼자 있으면 친구 없다고 놀릴 것만 같았어요. 이런 생각은 친구들과 조금씩 어울리면서 나아졌지만, 그 안에는 '내 곁에 누군가 한 명이라도 있어야 왕따라고 생각하지 않을 거야'라는 불안이 늘 자리하고 있었습니다. 불안은 친구들에게 집착하는 행동으로 이어졌고, 친구를 잃으면 제 전부를 잃는 것처럼 느껴졌습니다. 친구가 곧 전부였죠.

　성인이 되어도 비슷했습니다. 직장에서는 실수하지 않으려고 늘 긴장했고, 잘 보이려 애썼으며, 실수가 생기면 그 사실이 드러나지 않기만을 바랐습니다. 실수하는 사람은 능력 없는 존재, 회사에 필요 없는 사람이라 여겨질 것 같았어요. 학생일 땐 많은 친구와 어울리며 공부하고, 사회에서는 인간관계도 원만하고 업무도 완벽하게 해야 한다고 생각했어요. 그렇게 '이상적인 사람'의 이미지가 머릿속에 자리 잡았습니다. 그래야 한다고 믿었어요. 그렇지 못한 사람은 사회에서 소외되고 도태된다는 생각이 늘 저를 따라다녔습니다. 혼자는 무섭고 고통스러운 일이었습니다. 친구가 내키지 않는 말을 해도 맞장구를 쳤고, 직장에서는 완벽을 추구하며 늘 긴장 속에서 일했습니다. 그렇게 정해 놓은 '평범하고 괜찮은 사람'의 기준에 나를 억지로 맞추며 살았습니다.

그런 삶은 제가 진정 바라는 삶이 아니었습니다. 겉으로는 평범하고 괜찮아 보였을지 몰라도, 늘 불안했고 두려웠으며, 결국 혼자라 느껴졌어요. 사회에 퍼져 있는 이상적인 모습에 맞추며 살아가는 일은, 나를 숨기고 거짓된 모습으로 살아가게 했습니다. 언제 들킬지 모르는 두려움 속에서, 점점 더 제 안의 세계로 숨어들었습니다. 제가 생각하는 '진짜 나'는 항상 모자라고 이상한 존재였습니다. 사람들은 절대 저를 좋아하지 않을 거로 생각했고, 내 본모습을 알게 되면 관계는 끝나 버릴 거라 믿었습니다.

이상한 사람

컴퓨터 프로그램 사용법과 AI를 배우며 나눔을 해야 했습니다. 강의를 듣기만 하면 안 되고 직접 실습해야 진짜 터득할 수 있었죠. 어떻게 하면 좋을까 고민하다가, 즉흥적으로 강의 과제를 함께하자고 제안했습니다. 아무 계획도 없이, 무엇을 어떻게 할지 정하지 않은 채, 날짜도 따지지 않고 그냥 일주일에 한 번씩 하자고 말해 버렸죠.

그렇게 무작정 정한 날짜에 맞춰 온라인실습을 시작했습니다. 첫 과제는 워드였는데, 온라인으로 소통하는 줌을 통해 함께 실습하려니 답답한 게 한둘이 아니었어요. 우선, 줌을 능숙하게 다루지 못했고, 여기, 저기, 요렇게처럼 정확하지 않은 말로 설명하니 다들 제대로 하는 건지 전혀 감이 오지 않았습니다.

그렇지만 계속 이어 갔어요. 엑셀, 스마트폰, 카카오톡 실습과제들을 함께했죠. 한 달, 두 달이 지나면서 차츰 나아졌습니다. 그제야 '정말 아무 계획도 없이 시작했구나' 하고 정신이 들었습니다. 그 후 강의에 따른 과제 계획을 순차적으로 잡고 안정적으로 이어져 마무리했습니다.

사람들은 보통 계획을 먼저 세우고 실행에 옮기죠. 하지만 저는 실행을 먼저 하고 나중에 계획을 세웠습니다. 처음엔 그게 이상하고 대책 없다 느껴졌어요. '나는 왜 이렇게 생각 없이 시작할까?' 하는 자책도 했고요. 그런데 돌아보니, 그 즉흥적인 아이디어 덕분에 실행이 빨랐고, 결국 유지하는 방법을 찾아내고 끝까지 마쳤습니다. 이건 이상한 게 아니라, 그저 제 방식이었던 거예요. 실행하고 나서 방향을 잡는 제 특성은 단점이 아니라 오히려 실행력이라는 강점으로 작용한 셈이었죠.

처음엔 혼자 결정하고 말하면서 이거 잘하는 거 맞나? 하는 물음표가 가득했지만, 그 고민을 넘어서 실행을 택했기 때문에 결과를 만들 수 있었습니다. 그냥 해 보고 싶었던 겁니다. 평범의 잣대를 들이대지 않고, 하고 싶은 것을 해 보며, 내가 어떤 것을 좋아하고 잘하는지 더 알고 싶었어요. 그렇게 저만의 스타일을 조금씩 알아차리며 그건 더 이상 이상한 게 아니라 저의 특성이 되었습니다.

어떤 시도를 할 때, 사회가 정해 놓은 기준에 맞춰야만 성공할 수 있다고 믿고, 그 기준을 따라잡으려 애씁니다. 하지만 그런 기준은 오히려 나를 억압하고 생각의 자유를 제한하며, 시도를 가로막는 벽이 되기도 합니다. 시도 자체를 포기하게 만들죠. 나만의 방식으로 시작해도 괜찮습니다. 어설프고 계획 없이 시작한 삶도 충분히 멋질 수 있어요. 나답게 시도하고 나답게 살아가는 것, 그것만으로도 괜찮은 인생입니다.

"'온 마음을 다하는 삶'이란 자신의 가치에 대한 믿음을 바탕으로 세상에 적극적으로 뛰어드는 것이다."

- 브레네 브라운, 『마음 가면』

진실함으로 얻는 자유

사실 컴퓨터 과제 방법을 나누는 일은 너무 떨리고 불안했어요. 사람들 앞에서 잘하지 못하는 모습을 드러내는 것이 두려웠거든요. 혹시 실망해서 다음에 참석하지 않으면 어쩌나, 그렇게 되면 함께할 의미를 잃어버릴 것 같아 큰 불안감과 스트레스를 느꼈습니다. 완벽해 보이려 애썼고, 모르는 것도 아는 척하며 잘하는 사람인 척 연기했습니다. 하지만 시간이 흐르면서 수준이 드러났고 어쩔 수 없이 제 있는 모습 그대로를 드러냈습니다.

함께하던 분이 엑셀의 막대그래프는 어디서 추가하는지 물었습니다. 저는 그래프에 가서 추가하면 된다고 했는데 서로 사용하는 프로그램의 버전이 달라, 정확히 설명해 줄 수 없었습니다. 결국 솔직히 말씀드렸습니다. "저도 그건 잘 모르겠어요. 끝나고 확인해서 알려드릴게요." 그렇게 단 한 번, "모르겠습니다."라고 말했을 뿐인데 마음이 한결 편해졌습니다. 처음엔 그런 말을 하면 '이런 것도 모르냐?'는 반응이 돌아올까 겁났지만, 그런 일은 일어나지 않았어요.

그 후로는 잘하는 척하지 않아도 되었고, 제 수준을 솔직하게 터놓고 하자 실습 시간이 훨씬 편해졌습니다. 누군가에게 이상하게 보이지 않기 위해 시선을 외부에 두고 살았습니다. 늘 남들이 기대하는 '잘한다'라는 기준에 맞추려 했지만, 결국 그 기준을 맞출 수 없었습니다. 기준이 너무 높았어요. 그러나 실수를 자연스럽게 받아들이고, 있는 그대로의 저를 드러내자 마음이 편해졌어요. 결국 진실한 나를 드러냈을 때 가장 자연스럽고 여유로운 상태가 될 수 있었죠.

용기가 필요했습니다. 생각만큼 저는 잘하지 못한다는 사실을 인정하는 용기요. 또한 사람이라면 누구나 완벽할 수 없다는 걸 받아들이는 용기요. 그렇게 모든 것을 인정하고 나니, 더 이상 불안에 갇히지 않았습니다. 사람들과 편안하게 연결되었어요. 어느 날 과제를 마치고 이런 생각이 들었습니다. '아, 그냥 내 방식대로 지속하면 되겠구나.' 완벽하게 보여야 한다는 강박을 내려놓고, 나답게 이어가는 것. 그것이 오히려 사람들과 더 자연스럽게 연결되고, 함께 성장하게 만드는 길이라는 걸 깨달았습니다.

선명해지는 본모습

잘 산다는 기준은 어디에서 오는 걸까요? 누군가의 인정을 받기 위해 끊임없이 무언가를 해야 한다는 강박 속에서 살았습니다. 정작 '나는 누구인가?', '나는 무엇을 원하는가'를 고민할 여유는 없었어요. 삶은 내가 원하는 방향이 아니라 타인에게 잘 보이기 위한 삶으로 흘러가고, 진짜 욕구는 무시된 채 가면을 쓰고 살았습니다. 그것도 잘하지 못한다고 스스로를 구박하며 나에게 맞는 삶인지 아닌지도 모른 채 말이죠.

정신의학과 전문의 전미경 작가의 책 『당신은 생각보다 강하다』에 이런 구절이 있습니다.

"우리는 우리 자신에 대한 전문가가 되어야 하지만 의무교육 기간 중 우리 자신에 대해 배운 적이 없다. 자신을 잘 모르기 때문에 자신에게 적합한 삶이 무엇인지도 알지 못하고, 단지 자기계발서에 나온 남의 얘기를 들으며 결심하고, 성공한 자들의 '노력'은 무시한 채 '결과'만 부러워한다."

무엇이 나에게 맞는 삶인지 고민해 본 적이 없습니다. 자기계발서에 나오는 좋은 것을 따라 하며, 솔직한 모습은 누구에게도 받아들여지지 않을 거로 생각했어요. 평범한 척 가면을 쓰고, 본 모습을 들킬까 두려워하며 살았습니다.

그러나 이제는 더 이상 유령 같은 사람들의 기대에 따라 살고 싶지 않았습니다. 누구의 지시도 없이, 나만의 방식으로 작은 실행을 시작해 보았을 때, 예상치 못한 변화와 성장이 찾아왔습니다. 예전에는 작은 일 하나를 시작하려 해도 믿지 못하고 누군가의 허락이 있어야만 움직였습니다. 하지만 이제는 조금씩 욕구를 인정하며 실천하는 연습을 하고 있어요. 예를 들어, 과제 방에서 즉흥적으로 시작했던 활동이 체계가 잡혀 무사히 마무리했던 걸 보며, '내가 원한 것을 실천했을 때 변화가 가능하구나' 하는 확신을 얻었습니다.

이런 흐름은 일상 속 가까운 관계에 영향을 미쳤습니다. 특히 남편과의 관계에서요. 예전에는 늘 제 생각을 말하지 못했지만, 조금씩 말하며 변화되는 것을 느꼈습니다. 예를 들어 아침에 채소·과일을 먹는 것은 건강을 위해 선택한 걸 당당하게 말했어요. 예전 같았으면 남편이 뭐라 하면 아무 말 못 하고 넘겼을 텐데, 이번에는 달랐습니다. 의사를 표현한 후 오히려 더 편안하고 나다운 식사가 가능해졌어요.

물론, 제 욕구를 매번 완벽하게 표현하는 일은 쉽지 않습니다. 여전히 솔직한 모습을 드러내는 것이 두렵고 어려울 때가 많아요. 하지만 고민만 하다 멈춰 설 수 없었습니다. 완벽하지 않아도, 실수해도 괜찮다고 생각하며 조금씩 나아갔습니다. 그 결과, 점점 진짜 나로 살아가는 경험을 했습니다. 원하는 것을 표현하고, 욕구를 인정할 때 자유와 성장, 진정한 연결이 가능하다는 걸 느꼈어요. '여태까지 누구의 삶을 살았는가'를 되돌아보자, 나만의 색이 선명해지고, 진짜 삶을 시작 할 수 있었습니다.

자신만의 특성과 스타일을 온전히 인정하고 받아들일 때, 진정한 자유를 경험할 수 있습니다. 사람들은 완벽하고 잘난 가면보다, 좀 모자라도 진실하고 투명한 사람에게 더 끌립니다. 나만의 색깔을 드러낼 때, 더 깊은 관계와 더 큰 성장이 시작되어요. 이제는 묻고 싶습니다.

"당신은 자신을 얼마나 솔직하게 드러내고 있나요?"

스스로를 인정할 때 행복이 열린다

자신에 대한 확신이 없었습니다. 늘 부족하고 완벽하지 않다고 느꼈고, 그런 제 모습을 사람들에게 들키고 싶지 않았습니다. 들키는 순간, 사람들이 무시할 거라는 두려움이 컸어요. 더욱 완벽해 보이려 애썼습니다. 모자람이 드러나는 순간, 존재 자체가 무너질 것만 같았기 때문입니다.

〈즉문즉설〉이라는 프로그램에서 법륜스님이 하신 말씀이 떠오릅니다. 한 질문자가 "수업 준비를 다 해 놨지만, 예상치 못한 질문이 나올까 불안해서 3일 밤낮으로 고민하고 공부한다."며 이 불안을 어떻게 하냐는 물음을 던졌어요. 그러자 법륜스님은 이렇게 말씀하셨습니다. "병이야~ 병! 불안증, 결벽증 그런 병이에요. 뭐든 완벽할 수 없어요. 모르면 모른다고 하면 돼요. 그런 경험을 계속하다 보면 점점 괜찮아져요." 완벽하지 않아도 된다는 말, 부족한 나를 있는 그대로 인정해도 괜찮다는 법륜스님 말씀에 깊은 위로를 받았습니다.

　스스로를 완벽한 사람이라 착각했습니다. 아니, 착각이라기보다 그렇게 '되어야 한다'라고 믿고 있었어요. 생각하면 얼마나 오만한 생각인지요. 저는 지극히 평범하고 보잘것없는 존재인데 말입니다. 자신을 '모든 걸 완벽히 해내야 할 사람'으로 몰아세우며 버거운 삶을 살았습니다. 그런데 그런 생각은 제 잘못만은 아니에요. 사회제도와 가정환경으로 그렇게 만들어졌습니다. 결과 중심의 교육, 잘한 사람만을 칭찬하고 과정과 노력은 보지 않는 문화가 '완벽하지 않으면 인정받지 못한다'라는 믿음을 심어 놓았던 거죠.

　이제는 힘들게 살지 않으려고요. 외부의 평가와 기준에 휘둘려 살아가는 삶에서 벗어나, 자신을 위로하고 다독이며 앞으로 나아가려고 합니다. 결과에 집착하지 않고, 사회적 기준에서 벗어나 솔직한 내 모습을 드러내는 연습을 시작했어요. 모자란 모습도, 완벽하지 않은 부분도 인정합니다. 그 상태에서도 나는 여전히 괜찮은 사람임을 믿는 것이죠. 타인의 시선에서 벗어나고 싶다면, 내가 만들어 놓은 '완벽함의 기준'부터 내려놓아야 합니다. 완벽함에 집착할 게 아니라 스스로의 인정에서, 진짜 행복은 시작됩니다.

완벽은 없다!

사람마다 잘하는 것과 못 하는 것이 있습니다. 그런데 사회는 공통업무를 수행하기 적합한 사람을 길러내기 위해 못하는 것에 집중하는 교육을 했어요. 못하는 것에만 주의를 두는 것은 자존감을 하락시켰죠. 잘하는 게 하나도 없는 사람처럼 느껴질 때가 많았습니다. 여러 연구에서 이런 심리의 결과가 산업화 시대의 영향이라고 말합니다. 산업화가 진행되면서 국가는 표준화된 업무를 수행할 수 있는 평균적인 인재를 필요로 했습니다. 그 시스템에 맞춰 단점을 보완하고 평균으로 끌어올리는 교육을 받는 과정에서 사람들은 점점 자신이 무엇을 좋아하고, 무엇을 잘하는지는 잊은 채, 부족한 점만 주목하며 살았던 거죠. 장점을 살리기보다 단점을 메우는 것이 더 중요해졌고, 그 기준에 미치지 못한 사람은 자신을 시도조차 하지 못하는 존재로 여기게 되었던 거죠.

"사람은 약점을 보강하는 것만으로 성장할 수 없다. 더 좋은 결과를 얻기 위해서는 모든 사용 가능한 강점들을 이용해야 한다. 강점이야말로 진정한 기회다."

- 갤럽프레스, 고현숙, 『위대한 나의 발견 강점혁명』

뭘 하든 남들이 비웃거나 실망할 것 같고 반드시 성공해야 한다는 두려움에 시도하지 못했습니다. 시도하지 않으니 강점을 발견할 수 없기

니와 성장도 없었습니다. 늘 불안했고, 남들의 시선에만 매달려 살았죠. 발표도 서툴고, 관계 형성하는 것도 어색한 사람이란걸 받아들여야 했어요. 결국, 그 정도의 사람이라는 걸 스스로 인정하는 용기가 필요했습니다.

어느 날, 친구들에게 남편과 대화할 때 두근거리고 너희와 만나는 약속을 말하는 것도 눈치 보인다고 솔직하게 털어놓은 적이 있어요. 정말 큰 용기가 필요했습니다. 친구들은 늘 남편과 자유롭고 편하게 대화하는 것처럼 보였고, 저만 눈치를 보며 사는 것 같았거든요. 부끄럽고, 자존감이 낮아 보일 것 같아 두려웠습니다. 하지만 막상 털어놓고 보니, 오히려 친구들은 따뜻하게 위로해 주고, 자신들의 비슷한 어려움을 말하며 공감해 주었습니다. '왜 그러고 사니?' 같은 말들은 마음속 망상이었어요. 친구들의 공감은 큰 위안을 주었습니다. 그 후, 다음 만남을 약속할 때 더는 허세를 부리지 않고 "남편과 상의 후 알려 줄게."라고 자연스럽게 말할 수 있었어요. 그때 정말 얼마나 편안하고 홀가분했는지요. 친구들 앞에서 더 이상 당당한 아내인 척 연기하지 않아 마음이 편했습니다.

마음을 솔직하게 표현하고, 있는 그대로 인정하는 것은 내면을 존중하는 일입니다. 완벽하지 않아도 된다는 사실을 받아들이자, 감정을 표현하는 것이 훨씬 쉬워졌고, 욕구도 더 잘 드러낼 수 있었습니다. "완벽은 없다."라는 이 단순한 진리가 더 자유롭게 만들었어요. 거짓된 나를 연기할 필요가 없다는 안도감은 계속해서 행동하고 실천하게 했습니다. 정말 조금씩, 더 솔직하고 자연스러운 삶을 향해 나아가고 있었어요.

자기 인정이 주는 자유와 행복

과감한 행동을 반복할수록 망설임은 줄어들고 자신감은 점점 커졌습니다. 더 이상 외부의 시선에 휘둘리기보다는, 내가 정한 기준에 따라 행동하고 선택하는 비율이 높아졌어요. 완벽이 아니라 완성을 추구하며, 결과가 기대에 미치지 않더라도 실망하지 않았습니다. 그 자체를 있는 그대로 받아들였습니다. 저는 원래 대단한 사람도, 무엇 하나 뛰어난 사람도 아닙니다. 그저 평범한 나를 인정하고 수용하기로 한 것이죠.

과감하게 행동했을 때 누군가 불편함을 표현하거나 반응을 보이더라도, 이제는 그것을 그들의 몫으로 남겨 둡니다. 그리고 사실 사람 대부분은 제 말과 행동을 저만큼 깊이 생각하지도, 오래 기억하지도 않아요. 저 역시 남들의 말과 행동을 그렇게 깊이 생각하지 않듯이요. 오히려 누군가의 반응은 저에게 관심이라는 신호이자, 성장을 돕는 영양제가 되기도 합니다. 그래서 더 이상 머릿속에서 고민하지 않고, 행동하고 실천하는 쪽을 선택하기로 했습니다. 행동해야 알 수 있고, 깨달을 수 있고,

바꿀 수 있으니까요.

  불과 몇 달 전까지만 해도 카톡 한 줄을 보내는 데 시간이 꽤 걸렸어요. 문맥은 괜찮은지, 상대가 기분 상하진 않을지 한참을 고민하며 수정했죠. 그러나 이제는 실수할 수도 있다는 걸 받아들이고, 좀 더 편하게 메시지를 보냅니다. 신기하게도 사람들은 제가 걱정한 것만큼 부정적인 반응을 보이지 않았고, 대화는 오히려 더 편안하고 자연스러워졌습니다.

  사람들과의 만남에서도 조금씩 변화가 생겼습니다. '내가 어떻게 보일까'보다는 내 감정 상태에 집중하기 시작했어요. 최근에는 합창단에 들어가 이 주째 활동 중인데, 합창에 대해 아는 게 거의 없어 옆 사람에게 묻기도 하고, 뒷사람의 음을 따라 하며 배워 가고 있습니다. 처음이라 모르는 게 당연하고, 실수하는 것도 자연스러운 일이라 여기니 하나도 부끄럽지 않았습니다. 노래하는 순간이 그저 즐겁고, 아름다운 화음에 마음이 평온해졌어요. 있는 그대로 인정하고 받아들이는 경험은 정말 많은 자유와 행복을 안겨 주었습니다.

> "당신이 경험하는 것은 여과되지 않은 진짜 세계가 아니라, 당신의 해석에 따른 당신만의 세계이다."
>
>   - 마이클 A. 싱어, 『상처받지 않는 영혼』

결국 어떤 일이 일어나든, 그것을 어떻게 해석하느냐에 따라 삶의 색깔은 완전히 달라집니다. 나를 있는 그대로 인정하고 마주할수록 점점 더 자유로워지고 독립적인 존재로 설 수 있어요. 모자람을 인정하고, 실수를 받아들이며, 완벽하지 않음을 인정할 때 진짜 성장할 수 있습니다. 완벽하지 않기 때문에 성장할 수 있고, 그래서 더 용감하게 행동할 수 있습니다.

2장

숨겨 온 마음과 마주하기

: 두려움 뒤에 감춰진 내 진짜 속마음

> "상대가 나를 어떻게 대하는지, 좋아하는지 싫어하는지를 내 거짓된 행동으로 조정하려는 건 결국 나의 욕심이었습니다."

1

감정을 숨기기 시작한 순간들

누구나 자신과 솔직하게 마주할 때 진짜 행복을 느낍니다. 그때 삶의 주인은 '나'라는 사실을 깨닫게 되지요. 내가 원하는 것을 찾고, 그것을 이루기 위해 애쓰며 하루하루를 살아갑니다. 그 길이 마냥 행복하고 기쁠 것 같지만 꼭 그렇지만은 않았어요. 어느 순간부터 이상하게 행동이 점점 힘들어지고 자신감도 줄어들었습니다. 겉으로는 "괜찮아, 잘하고 있어. 이만하면 성장한 거지"라고 말하지만, 마음속은 자꾸만 무겁고 답답해졌습니다. 스스로를 다독이고 위로하지만, 안에서는 무언가가 자꾸 나를 억눌렀습니다.

어느 날, JTBC의 〈이혼숙려캠프〉를 보았습니다. 이혼 전 숙려기간에 서로에 대해 더 알아보고 이혼을 결정하는 프로그램이었죠. 그날 나온 남편은 반응이 느리고 표현이 서툴렀습니다. 아내는 매일 그에게 화를 냈고, 욕설도 오갔습니다. 둘의 관계는 위태로웠고, 이들은 심리극을 하게 되었죠. 상담사는 남편에게 물었습니다. "어릴 적 부모님은 어떤 분이셨어요?" 남성은 대답했습니다. "부모님은 성격이 급하고, 저에게 자주 화를 내셨어요." 아버지는 화가 나면 소리를 지르고 욕을 했고, 그럴 때마다 이 남성은 숨고 싶고 도망치고 싶었으며, 입을 다물고 피하려고만 했습니다. 단 한 번도 감정을 표현하거나 아버지에게 "왜 소리 지르세요?"라고 말해본 적이 없었습니다.

상담사는 조심스럽게 물었습니다.
"그럴 때 왜 감정을 아버지에게 표현하지 않았나요?"
남성은 말했습니다.
"괜히 말했다가 또 혼날까 봐, 그냥 많이 회피했습니다."

그는 알고 있었습니다. 아내에게 조금만 더 빠르게 반응하고 감정을 표현했다면, 아내가 덜 화를 냈을 거라는 것을요. 그러나 알면서도 행동이 되지 않았습니다. 바로 그 지점에서 상담사는 어릴 적 상처에 주목했어요. 이 남성은 강압적이고 거친 부모 밑에서 자랐고, 그런 환경이 그를 점점 위축되게 했습니다.

그리고 그 상처는 사라지지 않았습니다. 시간이 지나 아이의 아빠가 되고, 남편이 된 지금까지도, 그는 여전히 감정을 말로 표현하지 못했습니다. 아내에게 감정을 표현하려고 하면, 아버지와 겹쳐 보이며 무의식적으로 몸이 움츠러들고 두려움이 올라온 거죠. 결국 그는 말을 하지 않기로 선택했습니다. 침묵이 그를 보호해 주는 유일한 방법이었으니까요. 표현은 두려움이었고, 또 다른 잘못의 원인이 될 수 있다 믿었습니다.

다른 사람들 앞에서 말하는 것이 두려웠습니다. 제 말은 모자란 생각에서 나오는 부족한 표현일뿐 아니라 되려 잘못을 불러올 수 있다고 생각했습니다. 이 남성의 사례를 보며 많이 공감했고 그 이유가 어릴 적 가정환경에서 생성되었다는 것을 알았습니다.

원인을 알면 금방 극복할 수 있을 것 같지만 현실은 간단하지 않습니다. 생각은 쉽지만, 몸은 다르게 기억하고, 감정은 다르게 반응하며, 습관처럼 익숙해진 회피는 쉽게 바뀌지 않았습니다. 감정을 표현하고 싶어도, 말이 턱 끝에서 멈추는 경험, 용기 내어 다가가려다가도 몸이 먼저 움츠러드는 경험, 그런 경험이 반복되며 감정을 숨기게 되고, 결국 내 마음이 나에게서 멀어졌습니다.

내가 하는 말이 틀렸을까 봐

부모님과 함께 할머니도 같이 살던 때입니다. 할머니는 자주 "미와 같다"라고 말씀하셨습니다. 정확히 그 말이 무슨 뜻인지는 몰랐지만, 할머니의 신경질적인 말투와 표정에서 그 말은 분명 좋지 않은 의미로 받아들여졌습니다. 할머니가 그 말을 할 때마다 저는 잘못을 하는 것 같이 느껴졌어요.

밥을 먹고 있으면 "미와 같이 먹고 있네"라며 말씀하셨고,

길을 걷고 있으면 "미와 같이 걷는다"라는 말이 따라왔습니다.

어떤 날엔 제 표정을 보고 "미와 같은 표정"이라 말하기도 했습니다. 그런 말을 반복해서 들으며 밖으로 표현하는 말과 행동, 표정 하나하나는 모두 바보 같고 잘못된 것처럼 느껴졌습니다.

가장 잊히지 않는 순간은, 친구와 오빠들 앞에서 빨래통에 있던 제 속옷이 드러나며 마음 깊이 상처 받았던 날입니다. 너무 부끄럽고 수치스러웠어요. 제 몸은 얼어붙었습니다. 할머니는 제게 너무 큰 존재였고, 감히 대꾸할 생각조차 할 수 없었습니다. 혹여 뭔가 말했다가 더 큰 창피를 당할까 두려웠어요. 할머니의 그런 말과 행동은 때와 장소를 가리지 않았고, 점점 주눅이 들었습니다. 함께 자란 오빠 앞에서도, 동네 사람들 앞에서도, 친척들 앞에서도 창피함을 느꼈어요. 무슨 말을 해도 부끄럽고, 어떤 행동을 해도 틀린 것 같았습니다.

심지어 결혼하고 아이를 낳아 엄마가 된 후에도, 할머니는 여전히 저를 보며 "미와 같다"라고 말했습니다. 그 말은 여전히 가슴 깊은 곳에 상처로 남았고, 단 한 번도 "그건 아니에요"라고 말하지 못했습니다. 제 부모님도, 저 자신도 그 말에 대해 "아니다"라고 이의를 제기하지 못했어요. 그만큼 할머니는 제게 반항할 수 없는 절대적인 존재였고, 그 영향

은 지속되었습니다.

그때부터였던 것 같습니다. 점점 사라지는 사람이 되었어요. 사람들의 눈에 띄지 않으려고 했고, 평범해지기 위해 애썼습니다. 어떤 상황이 오면, 제 의견보다는 '다른 사람들은 어떻게 하지?'를 먼저 생각했고, 그렇게 눈치를 보는 아이로 자랐습니다.

어린 시절의 경험은, 앞서 〈이혼숙려캠프〉 이야기에서 소개한 남성의 이야기와 참 많이 닮아 있었습니다. 어릴 적의 상처가 사라지지 않고, 성인이 된 지금도 여전히 제 감정을 억눌렀습니다. 남편과 대화할 때 제가 하고 싶은 말이 있어도, 정작 그 말을 하려면 남들도 그렇게 생각해야만 정당해 보였어요. 남들이 동의하지 않으면 제 생각은, 틀린 것처럼 느껴졌고, 그래서 자꾸 말하기가 망설여졌어요. 내 의견은 아무 가치가 없다고 스스로를 대했기 때문입니다. 감정을 말하지 못했던 아이는, 표현을 주저하는 어른이 되었습니다. 누군가의 눈빛 앞에서, 누군가의 말 한마디 앞에서, 저는 여전히 어린 시절 그 자리에 머물러 있었습니다.

그냥 내 마음이라고 말하면 안 되는 걸까?

항상 제 뜻을 말할 때 이유부터 찾았습니다. "TV에서 그러더라", "책에서 나와 있어." 꼭 변명처럼 무언가를 앞세워야 마음이 편했어요. 하지만 이런 말조차도 두려웠습니다. 괜히 제대로 알지도 못하면서 아는 척한다고 비난받을 것 같았거든요. 그렇게 꺼낸 말들은 정작 '제 마음'이 빠져 있었습니다. 책에서 봤고, 유튜브에서 들은 내용을 말하면서도 그 안에 진심은 없었어요. 그러다 보니 상대가 반대의 말을 하면 말문이 막혔습니다. 제 입에서 나온 이야기지만, 그건 진짜 제 생각이 아니었으니까요.

마음을 말하는 것이 두려웠습니다. '이게 정말 맞는 건가?', '상대가 싫어하면 어떡하지?' 이런 생각들이 앞서다 보니 입을 다물 수밖에 없었고, 결국 자신의 감정과 욕구를 들여다보는 일을 잊게 되면서 점점, 표현하는 법도 잃어 갔습니다.

프란츠 카프카의 책 『아버지께 드리는 편지』에는 카프카가 어린 시절 아버지에게 받은 상처 이야기가 쓰여 있습니다. 이야기 중 하나를 말씀 드리면 카프카는 밤에 울었다는 이유로 아버지에게 이유도 설명도 없이 문밖으로 쫓겨났습니다. 어린 그는 그 사건을 통해 자신이 아무것도 아닌 사람이라는 감각을 깊게 새기게 되죠. 성인이 되어서도 카프카는 그런 감정을 지우지 못한 채 살았고, 자신이 왜 그렇게 느끼는지 알면서도 여전히 아무것도 아닌 존재로 여겨졌다고 고백합니다.

저 역시 그와 닮았습니다. 할머니는 아무렇지 않게 '미와 같다'라고 했고, 그 말 한마디에 보잘것없는 존재로 여겼습니다. 미와 같다는 그 말은 때와 장소를 가리지 않고, 밥을 먹을 때든 길을 걸을 때든 표정을 지을 때든 따라붙었어요. 점점 말이 없어졌고, 주눅이 들었고, 반박할 수 없었습니다. 평범한 아이가 되길 바랐습니다. 튀지 않으려 애쓰고, 누군가의 눈에 띄지 않도록 조심했습니다.

그 영향은 아주 오래도록 이어졌습니다. 누군가와 대화할 때 제 의견보다는 다른 사람의 생각을 먼저 생각했고, 내 의견이 다른 사람의 의견과 일치해야 정당성이 생기는 것 같았습니다. 그렇지 않으면 제 의견은 '쓸모없다' 여겼습니다. 결국 내 의견을 말하지 않거나 말해도 금방 소멸했죠. 그런 만큼 제 마음은 점점 더 움츠러들었습니다.

결혼하고 직장에 다닐 때만 해도 큰 불편함 없이 지냈습니다. 문제는 아이가 자라고 직장을 그만두고 나서부터 조금씩 힘들어지기 시작했습니다. 집에서만 지내는 제 모습이 스스로 작고 초라하게 느껴졌고, 엄마로서 아이를 챙기는 일이 줄어든 후에 더 무엇을 해야 할 것 같다는 조급함이 생겼습니다. 하지만 나를 위해 무언가를 하고 싶어도 그것이 실질적으로 가족을 위한 일이 아니면 이기적인 행동처럼 느껴졌습니다. 내가 하고 싶은 것을 한다는 건, 마치 죄를 짓는 것 같았고, 하고 싶은 것을 할 때 가족에게 당당히 말하지 못했습니다.

하고 싶은 것이 생겼는데 남편이 싫어할 것 같으면 아예 말을 꺼내지 않았고, 몰래 했습니다. 그러면서 들키지 않기를 바랐어요. 그렇게 숨기고 감추는 삶이 계속되니 남편과의 관계도 솔직하지 못했고, 제 마음을 꺼내는 일은 점점 더 어려워졌습니다. 솔직하지 못한 삶은 저를 더 지치게 했습니다. 하고 있는 것이 들통날까 늘 경계하고 긴장해야 했고, 저를 드러내는 게 점점 더 두려워졌습니다. 그 결과, 말하지 못한 마음속에, 드러내지 못한 진심 속에, 진짜 나를 숨기고 살았습니다.

별거 아닌 이야기를 꺼내는데도 제겐 늘 용기가 필요했습니다. 독서를 좋아해서 독서 모임에 참석하고 싶었지만, 그 사실을 남편에게 말하지 못했습니다. 남편은 어차피 그 시간에 제가 뭘 하는지 모를 테니 그냥 참석했지요. 하지만 모임에 가는 길은 늘 불안했습니다. 혹시 남편에게 전화라도 오면 뭐라고 말할까 걱정했고, 실제로 전화가 오면 결국 사실대로 말했습니다. 거짓말은 하지 못했거든요.

남편은 꼭 말하지 않은 걸 지적했습니다. "왜 얘기 안 했어?"라는 말에 아무 대꾸도 하지 못했습니다. 그의 말이 맞았기 때문이에요. 말하면 되는 일이었는데, 저는 왜 그게 그렇게 어려웠을까요. 남편은 언제나 당당한 사람이었습니다. 그런 점이 좋아서 결혼했어요. 그런데 아이러니하게도 그 사람 앞에서 점점 더 위축되어 갔습니다. 말하지 않는 일이 반복되면서 남편에게 솔직한 감정을 얘기하는 것이 점점 두려워졌고, 자유롭게 표현하는 일이 어려웠어요.

프란츠 카프카는 『아버지께 드리는 편지』에서 자신의 절대적인 존재였던 아버지 앞에서 어떤 압박감을 느꼈는지를 이야기합니다. 아버지의 생각은 늘 타당했고, 다른 사람들의 생각은 엉뚱하거나 비정상처럼 보였다고 말합니다. 아버지의 굳건한 자기 확신 아래에서 어린 카프카는 아무 말도 할 수 없었고, 아버지의 시선이 세상의 기준이 되어 버린 것입니다. 그런 아버지를 거스르는 일은 그에게 매우 힘든 일이었다고 책에서 말하고 있습니다.

항상 뭔가 잘못하고 있다는 생각을 지우지 못한 채 살았습니다. 어느 순간부터 아무것도 할 수 없는 사람처럼 느껴졌고, 스스로 남편을 절대적인 존재로 만들어 버렸습니다. 남편뿐 아니라 상대가 누구든, 내 생각보다 그들의 말이 맞다고 여겼고, 제 생각은 늘 쓸모없는 것으로 취급했습니다. 제 의견을 갖는 것조차 부담스러웠고, 말로 꺼내는 일은 더 큰 압박으로 다가왔습니다.

어릴 적 부정적인 경험들은 '지금 이 모습 그대로는 세상에 받아들여질 수 없다'라는 인식을 만들어냈습니다. 있는 그대로의 모습, '그냥 나'의 모습은 충분하지 않은 존재로 '~을 꼭 해야만 한다'라는 강박을 만들어 냈습니다. 그것을 하지 못하면 못난 존재, 무가치한 존재가 된다고 여겼기에 남편과 공유하지 않고 자꾸 숨겼습니다. 진실이 드러나면 남편 앞에서 한마디 말도 하지 못했습니다. 말하면 또 다른 잘못을 저지르게 될 것만 같았거든요. 그렇게 회피하며 점점 진실을 숨겼습니다.

결국 원하는 것이 있으면 숨겨서 했습니다. 왜냐하면 저는 늘 잘못된 사람이고, 부족한 사람이니 뭔가를 하는 건 또 다른 잘못이 될 것 같았어요. 관심사를 이야기하지 않았고, 점점 원하는 것을 표현하지 못했습니다. 그렇게 저는, 제가 무엇을 원하는지도 모르는 사람이 되어 갔습니다.

안다는 걸 알면서도 행동하지 못했다

유튜브나 책, TV에서는 부정적인 생각도 습관이라고 말합니다. 그런데 더 놀라웠던 건, 그런 부정적인 생각들이 사실은 '나만의 스토리텔링'으로 만들어 낸 환상, 즉 망상이라는 사실이었습니다. 김주환 교수님의 책 『내면소통』에서는 우리의 의식과 생각들은 여러 감각을 받아들이고 효율적으로 상호작용하기 위한 뇌의 추론 결과라고 설명합니다. 우리는 생각보다 훨씬 자주, 그리고 아주 쉽게 내가 생각한 것을 '사실'처럼 받아들이는 실수를 하곤 한다고요.

사실 남편은 정작 제가 뭘 하든 반대할 생각이 없었는데, 저는 '그는 분명 반대할 거야'라고 단정하며 걱정하고 있었던 거죠. 이걸 깨달았을 때 정말 충격이었습니다. 스스로 만든 망상과 환상에 사로잡혀 살면서, 그 안에 늘 숨고 거짓된 삶을 살고 있었던 거죠.

그때부터 자신을 조금씩 알아차리기 시작했습니다. 누군가에게 거절당할 것 같은 생각, 그 생각은 진짜 사실이 아니라 내 머릿속의 환상이라는 걸 의식하는 순간, 그 부정적인 생각들은 조금씩 사라졌고 마음도 진정되었습니다. 그리고 그 부정적 생각들이 정말 내 환상인지 확인하고 싶었습니다. 행동해야 했어요. 물론 머리로는 알고 있었어요. 상대는 나를 전혀 이상하게 생각하지 않고 있다는걸요. 하지만 여전히 습관처럼 '거부당할지도 모른다'라는 망상 속에 빠져 있었고, 그 망상이 정말 아니었는지를 검증하기 위한 새로운 선택이 필요했습니다. 정말이지, 아주 커다란 용기가 필요했어요.

먼저, 부정적인 생각 습관을 알아차리는 데서 출발했습니다. 그리고 이어서, 진정으로 저를 마주해야 했죠. 속으로는 끊임없는 의심이 들었습니다. '이게 정말 네가 원하는 거야?', '저 사람이 화내면 어떡하지?', '너, 이걸 제대로 말할 수는 있겠어?' 그렇게 부정적인 생각들이 머리를 떠나지 않았고, 그 생각에 눌려 결국 말하지 못한 채 그냥 '지나가자'라고 중얼거리며 넘기는 상황이 많아졌습니다.

이렇게 행동하지 못하는 자신을 볼 때마다 좌절했습니다. 이미 알고 있는데 왜 이렇게 말하지 못할까? 안에서는 스스로에게 비난의 목소리가 들려왔습니다. '깨달으면 뭐 하니. 행동도 못 하면서. 답답하다' 하며 자신을 힘들게 했어요. 마음을 털어놓으면 벌어질 상황을 미리 상상하면서, 두려움은 더 커졌고 용기는 점점 더 멀어졌습니다. 솔직히 말했다가 '정말 모든 관계가 끊어지면 어쩌지? 혼자 남겨지면 어떻게 살아가지?'라는 수많은 상상 속 파국을 그리며 한 걸음도 움직이지 못했습니다.

그 상황이 참 어리석고 못마땅했습니다. 이미 '그건 망상이야'라고 알고 있으면서도 실천하지 못했으니까요. 정말 미와처럼 보잘것없는 존재로 느껴졌습니다. 그렇게 또다시 절망했고, '이제부터는 절대 후퇴는 없다.'라고 다짐했지만, 여전히 도돌이표였습니다. 무의식적으로 몸에 밴 부정적인 반응 패턴을 벗어나는 건, 생각보다 훨씬 더 어려웠습니다. 아주 작은 의견 하나 내는 것도, 저에게는 큰 용기가 필요한 일이었어요.

니콜 르페라의 책 『내 안의 어린아이가 울고 있다』에 나오는 앨리의 이야기가 떠올랐습니다. 앨리는 끊임없는 자기 파괴적 사고와 행동에 시달리며 다발성경화증이라는 질병까지 앓게 됩니다. 그러나 그녀는 절망 속에서도 커피를 마시기 전 물을 한 잔 마시는 아주 작은 루틴을 만들어 내며 내면의 힘을 키워갔고, 몸과 마음, 결국 그녀의 삶 모두를 회복해 냅니다.

그 이야기를 통해 절감했습니다. 저 역시 부정적인 생각을 멈추고 작게라도 실천을 시작해야 했습니다. 하지만 그러려면, 먼저 아무도 비난하지 않는 안전지대가 필요했습니다. 그러다 '긍정 선언' 쓰기를 알게 되었습니다. 누구에게 말할 필요 없이, 저 혼자 다짐을 적는 방식이었습니다. 눈치 보지 않고, 괜히 눈을 피할 일도 없었습니다. 매일 '오늘도 나는 새로운 선택을 하겠다'라고 선언하며 의식을 조금씩 바꾸기 시작했습니다.

그렇게 반복하다 보니, 어느 날 이런 생각이 들었습니다. '남이 나를 미워하면 어때?' 만약 내가 한 선택 때문에 누군가가 나를 미워하게 된다 해도, 그것으로 내 인생이 끝나는 일이 아니라는 걸 깨달았습니다. 혼자서도 다시 시작할 수 있다는 걸 조금씩 믿었어요. 이런 생각을 하자, 그동안 나를 표현하지 못한 채 혼자 남겨질까 두려워했던 자신이 너무 안쓰럽게 느껴졌습니다. 남에게 잘 보이기 위해 타인에겐 관대하게 굴면서, 정작 자신에게는 너무도 가혹했던 지난 시간이 떠올랐습니다. 이제는 자신을 좀 더 따뜻하게 바라보고 존중해 주고 싶었습니다.

그래서 자신에게 묻기 시작했습니다.
'너는 지금 무엇을 하고 싶은가?'
'너는 어떤 자유를 원하는가?'
이제 진짜 저를 마주하기로 했습니다.

2

누구나 숨고 싶을 때가 있다

　자기 의사를 표현했다가 무시당한 적이 있거나, 돌아오는 말에 상처받을까 두려워 말을 삼켰던 순간들. 혹은 내가 한 말이 누군가에게 상처가 될까 봐 아예 입을 다물어 버린 경험이 있습니다. 때로는 상대의 강한 기세나 권위에 눌려 아무 말도 하지 못한 적도요. 그럴 때 생각합니다. 어떻게든 이 상황이 빨리 지나가기만을 바라는 생각요.

　초등학교 때, 운동장에서 고무줄놀이를 했습니다. 고무줄을 꽤 잘했어요. 그런데 어느 날, 같이 하던 친구가 엉뚱한 규칙을 만들어 저만 아웃시켰습니다. 그리고 더 이상 고무줄을 못 하게 했죠. 그 친구는 반에서 인기 있는 아이여서 그 규칙을 적용하는 것이 사람마다 애매하고 아무리 이상하게 느껴져도 말도 할 수 없었습니다. 그 친구에게 따졌다가는 외톨이가 될 것 같았기 때문이에요. 결국 친구의 권위에 눌려 억울한 마음을 숨긴 채 입을 다물 수밖에 없었습니다.

결혼하고 나서도 마찬가지였어요. 어느 날, 저녁으로 김치찌개를 끓이고 있었는데 남편이 그걸 보고 "메뉴 좀 물어봐!"라고 날카롭게 말했습니다. 순간 얼어붙었습니다. 감정이 상했지만 표현하지 않았어요. 매일 일에 지쳐 예민한 남편의 컨디션을 먼저 떠올렸고, '지금 여기서 내 감정을 꺼낸들 뭐가 달라지겠어. 오히려 상황만 더 안 좋아질지도 몰라'라는 생각이 들어 그저 상황이 빨리 지나가길 바랐습니다. 그렇게 아무 말 없이 김치찌개를 먹으며 넘어갔지만, 답답한 마음은 그대로 남았습니다.

어릴 적부터 별 의도 없이 했던 행동인데 자주 혼이 났어요. 칭찬보다는 야단과 지적을 더 많이 받았고, 점점 움츠러들었습니다. 감정을 표현하는 일이 어려워졌고, 행동에도 자신감이 없어졌습니다. 싫어도 좋은 척했고, 갈등이 생기면 무조건 상대의 말을 따랐습니다. 제 의견은 틀렸다고 비난받을 것 같았고, 논쟁은 상상조차 하지 못했죠. 하지만 그렇게 마음을 숨긴 대가로 얻게 된 것도 있었습니다. 바로 상대의 인정과 관계의 유지였습니다. '그래, 이 정도면 됐어.' 하는 안도감. 그러나 그 안도감은 금세 처음의 마음을 지워 버렸고, 결국 또 자신을 버린 채 상대에게 맞추는 삶을 반복했습니다.

"자신의 의견을 표현하는 것을 비판적으로 보는 환경에서 그것을 표현하기란 매우 두려울 수 있다."

- 마셜 B. 로젠버그, 『비폭력대화』

타인에게 '착한 사람'으로 보이기 위해, 마음을 등지고 살았습니다. 그렇게 자신의 감정과 욕구를 차단하고 생기를 잃은 채, 타인의 기대에 맞추는 삶에 익숙해져 버렸죠. 자신을 외면한 채, 타인에게만 잘 보이기 위해 살아온 결과는 결국 마음의 목소리를 잃어버렸습니다.

좋은 사람 = 가식적인 사람(?)

책 『외로움의 모양』에 등장하는 병욱 씨는 어린 시절 친구의 지적을 계기로 자신이 아무 말이나 내뱉는다는 사실을 인지하게 됩니다. 그때부터 그는 사람들에게 상처 주지 않으려고, 최대한 좋은 말만 하며 살기로 결심합니다. 그렇게 노력하는 삶이 즐겁고 의미 있다고 믿었죠. 그런데 군 복무 중, 함께 근무하던 병사가 그런 병욱 씨를 보고 "가식적이다"라고 말한 순간, 그의 마음은 무너졌습니다.

병욱 씨는 너무도 놀랐습니다. 자신은 좋은 사람이 되려고 애써 왔는데, 돌아온 평가는 '가식적'이라는 말이었으니까요. 충격을 받은 그는 자신의 진짜 감정을 글로 써 보기로 합니다. 그리고 그 글을 부대 사람들에게 보여 주지만, 그들은 읽고 싶지 않다고 그의 마음을 거부합니다.

이 일은 병욱 씨를 더욱 혼란스럽게 만들었습니다.

병욱 씨는 상대가 상처받을까 늘 좋은 말만 하며, 상대의 기분에 맞추는 삶을 살아왔습니다. 하지만 그 삶이 누군가에게 '가식적'으로 비쳤다는 사실 역시 매우 큰 충격이었을 것입니다. 사실, 남에게 잘 보이고 싶어 하는 마음은 누구에게나 있을 것입니다. 타인의 시선을 의식하고, 진짜 감정을 숨긴 채 '착한 아이' 가면을 씁니다. 말 잘 듣고, 온순하고, 문제를 만들지 않는 사람처럼 행동하지요.

그러나 이런 선택은 단순한 위선이 아니라, 사회 속에서 나를 보호하려는 본능적인 생존 전략이기도 합니다. 인간의 뇌는 생존을 위해 집단 안에서 안전을 확보하도록 설계되어 있습니다. 구성원에게 받아들여지고 싶고, 소속되고 싶은 강한 욕구가 있어요. 버림받는 것은 존재의 위협처럼 느껴지기 때문에, 자신의 진짜 마음을 숨기는 것은 살기 위해 선택한 최고의 방법입니다.

병욱 씨가 그랬습니다. 본능적으로 자신을 숨기며 살았고, 군대라는 낯선 환경 속에서 처음으로 그런 자신을 자각하게 됩니다. 그가 용기를 내어 꺼낸 속마음이 외면당했을 때, 그는 큰 상처를 받았을 것입니다. 그런 상황에서 자신의 감정을 더 표현하는 것은 더욱 어려운 일이었어요. 하지만 그건 그가 잘못해서가 아니라, 그저 자신을 보호하기 위한 행동이었습니다.

우리에겐 자신을 마음껏 표현해도 괜찮다고 느낄 수 있는, 정서적으로 안전한 공간이 필요합니다. 하지만 현실은 그렇지 않죠. 사회는 남의 감정선에 조금만 걸려도 곧바로 날 선 반응이 돌아오는 경우가 많습니다. 그러다 보니 본능적으로 말을 아끼고, 침묵을 선택하게 되는 것 같습니다. 지금 이 감정을 표현했다가 상처받을 바에는, 그냥 넘기는 편이 낫겠다는 판단이 반복되면서 점점 감정 표현을 포기하게 되는 것이죠.

갈등을 피하고 관계를 유지하려는 목적에서 감정을 숨긴 적이 많았습니다. 그 방법이 효과를 내기도 했고, 상대와의 관계가 무난히 흘러간 적도 있었으니까요. 내 감정을 삼키는 일은 단지 회피가 아니라, 나를 지키기 위한 최고의 방법이기도 했던 겁니다. 내 마음을 고통스럽지 않게 하려고, 침묵을 선택함으로써 스스로 안정감을 주었던 것이죠.

드러낼수록, 강해진다

그러나 안정감이 모든 것을 해결해 주지는 않았습니다. 어떤 상황에서는 반드시 나를 드러내야 할 필요가 있었어요. 감정을 표현하지 않고 회피하는 일이 반복될수록, 마치 내 존재 자체가 희미해지는 느낌이 들었습니다. 감정도 욕구도 점점 사라지는 듯했고, 그 결과 어떤 선택이나 결정을 해야 할 때마다 큰 어려움이 생겼습니다. 혼자서는 도무지 뭘 결정할 수 없었고, 모든 것이 의심스러웠습니다. 자신을 믿을 수 없으니,

급기야 사소한 선택조차 어려워졌어요.

　인생은 작은 선택의 연속인데, 그런 선택조차 늘 누구의 도움을 받아야 한다는 사실은 저를 무력하게 만들었습니다. 늘 누군가에게 묻고 확인받고 나서야 안심하고 움직일 수 있었어요. 혼자 결정하면 불안하고, 뭔가 잘못될 것 같았죠. 그럴 때마다 제 나이 마흔이 무색하게 느껴졌습니다. 매번 누군가에게 묻고, 결정 하나에도 망설이는 모습은 마치 어린아이가 된 듯 수치스러웠습니다. 이런 자각이 들면서도, 여전히 혼자 결정하는 것이 무서웠습니다. 혹시라도 그 선택이 잘못돼 큰일이라도 벌어지면 어쩌나 하는 불안이 앞섰기 때문입니다.

　사과를 사려고 인터넷 장터에 들어갔습니다. 여기저기 둘러보고, 나름의 기준으로 한 곳을 골라 주문합니다. 하지만 마음이 편하지 않았어요. '남이 이걸 보면 뭐라고 하지 않을까?', '혹시 더 싸고 좋은 제품을 찾지 않을까?' 이런 생각들이 꼬리를 물고 이어졌습니다. 그래서 남들이 사과 가격을 묻지 않기를 바라며 불안해했죠. 만에 하나 그들이 '왜 이렇게 비싸게 샀어?'라고 말한다면, 아주 큰 죄가 밝혀지는 것 같았어요. 어떤 실수도 허용되지 않는다는 착각 속 압박감은 저를 무기력하게 만들었고, 행동 하나하나를 조심스럽게 만들었습니다. 삶은 더 어려워지고 복잡해졌어요.

　조금 의견을 내 보려 해도 가슴이 두근거렸고, 만약 그 의견이 거절당하면 어떻게 반응해야 할지 몰랐어요. 혹시 갈등이 생기지는 않을까 걱정됐고, 수없이 고민한 끝에 말을 꺼내더라도 마치 큰 죄를 고백하듯 쭈뼛거리며 말했습니다. 하고 싶은 것을 말하면서 당당하지 못했고, 그런 모습을 보고 있으면 스스로 비참하게 느껴졌습니다. 욕구를 표현하지 못하고 감정을 억누른 채 살아가는 삶은 언제나 답답하고 우울했습니다. 실제로는 잘못한 일이 아무것도 없었는데 말입니다.

더는 이렇게 살 수 없었습니다. 하고 싶은 것이 있다면 표현해야 했고, 나를 드러내야 했습니다. 그러나 문제는, 이 감정 표현조차 익숙하지 않았습니다. 어릴 적부터 부정당한 경험들이 내 감정과 의식을 차단해 버렸기 때문이에요. 그러나 언제까지 이렇게 숨어 살 수는 없었습니다. 내 삶을 살고 싶었습니다. 예전처럼 침묵하고 의지하며 사는 방식은 고통만 더했고, 점점 더 타인 없이 살아갈 수 없는 상태로 만들 것이 뻔했어요. 표현이 나의 취약점이라는 사실을 인정하면서도, 내용이 잘못이 아니라면 조금씩 욕구를 꺼내 말해야 했습니다.

"나의 취약점을 숨기지 말라. 드러내면 강해진다."

- 브레네 브라운, 『마음 가면』

나의 약한 부분을 마주해야만 했습니다. 마주하면 마주할수록 두려움은 줄어들고, 용기는 자란다고 믿었습니다. 이전까지 의지하던 편안함은 진실한 관계를 만들지 못했고, 오히려 가식적인 삶으로 이어졌습니다다. 이제는 조금씩 마음 상태를 솔직하게 표현해 보기로 한 것이죠.

처음부터 잘할 수는 없었습니다. 그러나 완벽하게 자신감이 차오를 때까지 기다렸다간, 결국 아무것도 하지 못할 것이 뻔했어요. 완벽하지 않아도, 지금, 이 순간 용기 내어 표현하는 것, 그것이 진짜 변화의 시작임을 믿기로 했습니다.

내면이 드러낸 순간

〈오은영 리포트-결혼 지옥〉을 시청하고 있었습니다. 결혼한 사람들의 실생활을 분석하고, 어려운 점을 대화로 해결해 가는 프로그램이었어요. 출연자들의 갈등 상황에서 누가 어떤 방식으로 행동하는지를 보며 제 생각과 비교하는 것이 재미있었어요. 특히 오은영 박사님의 말씀과 제 생각이 조금이라도 비슷할 땐 마치 정답을 맞힌 것처럼 뿌듯하기도 했습니다.

그런데 남편이 저를 보며 말했습니다. "그런 프로그램을 왜 봐? 도움이 되나? 이상해서 안 보는 사람도 많아." 남편이 저를 답답하고 이상한 사람으로 바라보는 것 같아 속상했습니다. 그러나 대꾸하지 못했어요. 괜히 말 꺼냈다가 갈등으로 이어질까 봐 겁이 났거든요. 감정을 표현하지 않은 덕분에 일시적인 안도감은 있었지만, 속상한 마음은 쉽게 사라지지 않았습니다.

이제까지는 안도감을 최고로 여겼습니다. 그러나 달라지기로 한 지금 이 속상한 마음을 그대로 두고 아무 말 하지 못하면 예전과 달라진 게 없다 생각됐어요. 그리고 생각했죠. 감정을 표현하면 곧 갈등이 생길 것이라는 착각에서 벗어나기로요. 그러나 감정을 직접 말하는 건 아직 어려웠어요, 정리해서 문자로 제 마음을 전했습니다. 제가 보는 프로그램을 평가하지 말아 달라고요. 그런 말은 무시당하는 느낌이 들어 속상하다고 솔직하게 말했습니다.

이 일은 가면을 벗고 온몸으로 뛰어드는 아주 큰 일이었습니다. 회피하지 않았고, 두려움을 넘어섰죠. 그리고 결과는 놀라웠습니다. 갈등은 일어나지 않았고, 남편은 제 마음을 받아들여 주었습니다. 처음으로 내 감정을 표현했다는 사실 그 자체만으로도 만족스러웠는데 남편과 이야기가 되었다는 것에 더 놀라우면서 해방감까지 느꼈습니다.

문자전송은 부정적 감정 습관을 인식하고 새로운 연결의 첫 시도였어요. 그동안 갈등을 피하고 싶어서 감정을 숨겨왔지만, 이제는 솔직해지기로 한 거예요. 그건 마치 '행복해질 수 있는 경기장' 안으로 직접 들어가는 선택이었습니다. 남편과 더 깊고 진실한 관계를 원하는 마음이, 두려움을 앞섰던 순간이기도 했습니다. 물론 제 감정이 무조건 받아들여질 거라고는 생각하지 않았습니다. 받아들이는 건 상대의 몫이고, 표현은 저의 몫이니까요. 표현했다는 그 사실 하나만으로도 마음이 한결 가벼워졌던 순간이었습니다. 이 경험은 사실 저에게도 경계선이 있다는 것을 스스로 확인시켜 주는 계기였습니다. 상대를 존중하면서도 나는 나대로 존중받아야 한다는 믿음, 그리고 그걸 표현할 수 있는 자신감을 조금이나마 얻게 된 순간이었죠.

앞서 언급했던 병욱 씨의 이야기를 다시 떠올려 봅니다. 그는 자신이 쓴 솔직한 글을 상대에게 보여 주었지만 거절당하고 상처받았습니다. 그런데도 그는 결심했어요. 가식적인 삶은 이제 그만두고, 있는 그대로의 자신으로 살겠다고요. 그리고 저자 이현정 작가님은 말합니다. 진정한 인간관계는 솔직한 마음을 드러내는 용기에서 시작되며, 그 안에서 비로소 깊고 진실한 관계가 생겨난다고요.

용기를 내어 깨달음을 행동으로 옮기는 일은 결국 자신의 약한 부분과 마주하는 것입니다. 상대에게 거절당하거나 미움받을 각오도 해야 합니다. 욕구를 표현하고, 상대의 감정을 그 사람의 몫으로 인정하기 시작하면, 그 순간부터 우리는 진짜 연결로 나아가기 시작합니다. 이런 진실한 행동은 결국 내가 어떤 사람인지, 무엇을 잘할 수 있는지도 더 명확하게 알게 해 줍니다. 그리고 다가오는 갈등이나 실수 앞에서도 덜 흔들리게 되죠. 그러기 위해서는, 과거의 나와 숨을 수밖에 없었던 나를 먼저 따뜻하게 보듬고 위로하는 것이 필요합니다.

지금 이 글을 읽는 여러분도 생각해 보세요.

그동안 자신을 속이며 살아왔던 시간, 감정을 숨기며 안도감을 선택했던 날들,

욕구는 무시된 채 오로지 갈등을 피하는 데 초점이 맞춰진 삶.

그 안에서 우리는 얼마나 많은 비참함과 서글픔을 느꼈던가요?

하지만 그 모든 시간은 변화시킬 수 있습니다. 우리는 더 크고 뭉클한 만족을 위해, 의식의 빛을 바깥이 아니라 내 안의 감정과 욕구에 비추어야 해요. 그렇게 내 감정을 들여다보면, 자연스럽게 상대의 마음도 더 깊이 이해할 수 있습니다. 숨고 싶은 마음은 지극히 자연스러운 인간의 본능입니다. 사회 속에서 도태되지 않기 위해 우리는 자신을 숨깁니다. 숨는 것은 생존이기도 해요. 하지만 언제까지고 숨어 있기만 한다면, 그 편안함이 우리의 성장을 가로막고, 가능성을 제한하며 진정한 행복을 느낄 수 없게 합니다.

"어둠을 탐색할 용기가 있어야, 우리가 가진 빛의 무한한 힘을 발견할 수 있다."

- 브레네 브라운, 『마음 가면』

누구나 어두운 구석을 가지고 있습니다. 하지만 중요한 것은 그 어둠을 어떻게 마주하느냐, 의식을 어디에 두고 살아가느냐입니다. 두려움

은 누구나 느끼는 것이며, 부정적인 생각은 대부분 망상일 뿐입니다. 실제로 존재하지 않는 이야기들이, 우리를 움츠리게 했던 거예요. 그러니 이제, 자신에게 물어보세요.

"나는 지금 무엇을 원하는가?"
"나는 왜 자꾸 마음을 숨기는가?, 무엇이 두려운가?"

이 질문에 솔직하게 끝까지 대답하면서 진실한 나를 만나보세요. 물론, 용기를 내는 일은 쉽지 않습니다. 오랫동안 숨겨왔던 마음을 표현하는 것은 정말 두렵고, 어렵지요. 그럴 땐, 상상하는 것부터 시작해 보세요. 상대의 눈치를 보지 않고, 당당히 자신의 의견을 말하는 나, 감정이 상하면 조금 속상하다고 말할 수 있는 나. 하고 싶은 일을 하고, 거절할 줄 아는 사람. 그 모습을 머릿속으로 그려 보는 겁니다. 그리고 그것을 종이에 적어 보세요. "나는 그렇게 될 수 있다." 이 단순한 선언은 실제 행동으로 나아가는 첫 용기가 되어 줄 거예요. 정말 그렇게 될 수 있습니다. 시작은 천천히, 한 걸음부터. 먼저 내가 진짜 원하는 것이 무엇인지, 그리고 진짜 내가 누구인지부터 알아가는 겁니다. 그렇게 우리는 드디어 당당한 자신을 만나게 됩니다.

함께 걸어가 볼까요?

진짜 나를 보지 못하게 만든 욕심

TV에서 누군가 잘못한 장면이 나오면, 혹시 나도 저런 적이 있진 않았을까 점검하듯 돌아봤습니다. 직장에서 일이 틀어지면, 그것이 혹시나 때문은 아닌지 자신을 의심했어요. 가정에서도 마찬가지였습니다. 사소한 일이 틀어져도 저의 책임처럼 느껴졌어요. 음식점을 찾아가는 길에 지름길을 제안했다가 길이 막히거나 돌아가게 되면, 저를 탓할까 봐 방어적인 말을 미리 준비하곤 했습니다. 언제나 상대방의 기대를 충족시키기 위해 노력했고, 미움받지 않기 위해 애썼습니다. 그렇게 상대방에게 저에 관한 판단을 맡기고 늘 제가 잘못한 것처럼 주눅 들어 살았습니다. 늘 사랑받고 인정받기 위한 삶이요.

> "타인에게 인정받는 삶을 택할 것인가, 아니면 인정받지 않아도 자유로운 삶을 택할 것인가."
>
> - 기시미 이치로, 고가 후미타케, 『미움받을 용기』

지금 돌이켜보면, 저의 자유는 상대방이 허락한 선 안에서만 존재했습니다. 그 안에서 행동해야 마음이 놓였고, 안정감을 느꼈습니다. '상대가 나를 좋아해 줬으면 좋겠다. 사랑해 줬으면 좋겠다'라는 마음이 커서, 저의 감정보다도 상대가 나를 어떻게 대하는지에만 집중하며 살았던 거예요. 그런데 이제 알았습니다. 상대가 나를 어떻게 대하는지, 좋아하는지 싫어하는지를 내 거짓된 행동으로 조정하려는 건 결국 나의 욕심이었다는 것을요. 내 감정을 숨기면서까지 상대의 반응을 통제하려는 건, 결국 사랑받고 싶은 욕망에 사로잡힌, 아주 자기중심적인 행동이었습니다.

정말 이상하죠? 겉으로는 상대를 신경 쓰고 배려하는 것 같지만, 사실은 상대에게 진짜 나를 보여 주지 않음으로써 상대가 나의 진실한 모습을 만날 기회를 빼앗는 일이었어요. 그 사람은 내가 만든 가식적인 모습을 보고 오해할 수밖에 없는 거죠. 이런 모습은 결국 나와 상대 모두를 속이는 일이었습니다. "여러분은 거짓된 관계 속에서 사랑받고 싶으신가요?"

욕구는 사라지고, 상대의 기분만 맞춰 주는 삶. 처음엔 안심되고 편할 수 있어요. 하지만 그 속은 불안하죠. 그 관계는 진실한 연결이 없기에, 만날 때마다 괴롭고 불편해요. 나와 상대의 욕구를 솔직하게 표현하고 나누는 관계야말로, 서로에게 좋은 에너지를 주고받을 수 있는 진정한 관계입니다.

이기적이고 자기밖에 모르는 사람이었습니다. 타인의 감정에 따라 움직였고, 자신을 책임지지 않았습니다. 심지어 자녀에게도 미움받기 싫어 엄마의 역할을 회피하고, 선택을 아이에게 떠넘기며 책임을 회피했어요. 나약하고 무기력한 사람이었습니다. 바로 제가요. 하지만 이제는 상대의 감정은 잠시 꺼두고, 나의 감정과 욕구에 집중하는 연습을 합니다. 진짜 원하는 게 무엇인지 알아야, 상대와 진정으로 연결될 수 있다는 걸 알았죠. 그래야 상대가 나에게 어떤 의미를 지니는지도 분명해집니다. 그리고 그런 관계가 하나둘 늘어갈 때, 삶의 에너지가 솟구칩니다.

모두에게 좋은 사람으로 남고 싶다는 건, 결국 자신의 허황된 욕심입니다. 나의 욕구와 맞지 않는 사람은 그냥 흘려보내세요. 억지로 관계를 유지하려는 건 나와 상대 모두에게 고통일 뿐입니다. 내 인생은 내 것입니다. 상대의 기대에 맞춰 살아가는 건, 내 인생을 상대에게 맡기는 일이에요. 하지만 그 고통과 어려움은 나에게서 일어나죠. 자신에게 더 집중해야 합니다. 나에게 최선을 다하는 것이, 상대에게도 최선을 다하는 길입니다. 왜냐하면 사랑은 자신이 받은 만큼만 줄 수 있기 때문이에요.

"평상심은 어디 갈 데가 없고 날씨야 매일 다르기 마련인데
오롯이 내 마음 앞에 정좌를 합니다. 낯이섭니다. 얼마나 본 적이 없으면."

- 김창완, 『찌그러져도 동그라미입니다』

계속 남의 마음에 나를 맡기며 흔들리지 말고, 내 마음을 내가 책임지자고요. 처음엔 낯설고 어색할 수 있습니다. 하지만 계속 바라보고 만나고 들여다보면, 우리는 어느새 내 마음과 친해지고, 그 마음을 더 깊이 이해하고 품을 수 있게 될 것입니다. 내 마음, 내가 책임지는 삶. 그게 진짜 자유입니다.

실수는 용기다

실수에 예민한 사람이었습니다. 잘못하면 미움받을까 봐 늘 두려웠어요. 그건 아주 자연스러운 욕구였지만, 그 욕구에 너무 집착한 나머지 정작 더 중요한 것들을 놓치고 살았습니다. 큰 실수가 일어날까 새로운 시도를 망설였고, 갈등은 관계의 끝이라고 여겨 무조건 피했습니다. 내 인생인데도 관계의 결정권을 상대에게 넘긴 채, 상대의 인정만 바라는 삶을 살았습니다.

하루는 유튜브를 보고 있는데 인생지도 그리기가 나왔어요. 100세 시대에 이건 필수로 배워야겠다는 생각이 들었죠. 아이캔 대학에서 운영하는 자기 계발 프로그램이었습니다. 정말 배우고 싶었어요. 그러나 남편이 반대할 것 같았어요. 그걸 배운다고 당장 돈이 나오는 것도 아니고 가족을 위한 프로그램도 아니며(궁극적으론 가족을 위한 것이 맞지만…) 거대한 성과물을 보여 줄 것도 없었기 때문이죠. 차근차근 말할 용기도 없었습니다. 저에 대한 신뢰가 없었거든요. 반대하면 설득할 자신도 없었습니다. 하지만 자기 계발을 못 하면 절대 안 될 것 같아 숨겨서라도 해야 했죠. 그렇게 한번 꽂힌 건 해야 한다는 강박이 있었어요. 하지만 남편의 인정 없는 결정은 늘 불안했지요. 남편이 알면 '쓸데없는 것 한다.' 할까 봐 불안했습니다. 왜 그렇게 그 프로그램에 집착했을까요?

어쨌든 아이캔 강의를 들으며 조금씩 변화가 생기기 시작했습니다. 독서 태도도 바뀌고, 책이 삶과 연결되며 깊은 통찰을 주었습니다. 책에서 깨달은 것들을 현실에 적용하면서 변화도 조금씩 느꼈지요. 남 앞에서 발표는 절대 못 할 줄 알았는데, 어느새 조금씩 말도 하기 시작했고, 할수록 재미있었습니다. 매일 컴퓨터 앞에 앉아 공부한다고 생각하니 뿌듯했고, 자신감이 차오르는 걸 느꼈습니다.

그러던 어느 날, 함께 공부하던 리더가 작은 실수를 했어요. 리더는 아무렇지 않게 "다시 할게요~" 하고 아무렇지 않게 다시 했습니다. 그 모습이 정말 놀라웠어요. 부끄러워하지 않고 가볍게 넘기는 모습이 정말 신기했죠. 그때 처음으로 알게 됐습니다. 리더도 실수할 수 있다는 것, 그리고 실수해도 아무 일도 벌어지지 않는다는 것을요.

큰 깨달음이었습니다. 실수해도 괜찮다는 느긋한 마음이 생겼고, 오히려 실수를 보이는 것은 제가 받은 용기처럼 누군가에겐 또 다른 용기를 심어 줄 수 있다는 것을요. 서툶, 수줍음, 말더듬증, 사소한 실수조차 누군가에게는 편안함을 주는 요소가 될 수 있었어요. 실수는 긴장을 풀어 주고, 인간미를 느끼게 하며, 서로를 더 가깝게 만듭니다. 물론 어떤 사람은 '왜 저렇게 못 하지?' 하며 비난할 수도 있어요. 하지만 의식을 조금만 바꾸면, 실수는 곧 친근함과 용기의 상징이 될 수 있었어요.

『미움받을 용기』의 저자 기시미 이치로는 작고 왜소한 체구 때문에 열등감을 느꼈지만, 그 외모 덕분에 상대에게 편안한 인상을 준다는 장점을 발견합니다. 그는 자신을 있는 그대로 받아들이고, 어떤 가치를 지닐 수 있는지에 집중하며 살았습니다. 아들러의 '사용의 심리학'을 실천한 사례였죠. 저에겐 미숙한 시작이 장점입니다. 어떤 이들은 계획도 없이 무조건 시작한다고 하겠지만 또 다른 이들에겐 이렇게 시작할 수 있다는 용기를 줄 수 있다는 생각도 들었어요. 잘하지 못해서 미숙함이 그대로 드러나겠지만 일단 시작하면 성장하니까요.

그렇게 조금씩 생각의 변화가 찾아오고 실행력은 높아졌습니다. 머뭇거릴 때면 책 속의 문장을 떠올리며 실행했어요. 과거에는 늘 고민만 하고, 실행하지 못했지만, 이제는 그렇지 않아요. 충동적으로 결정한 일도 있었지만, 대부분은 만족스러웠습니다. 심지어 결과가 좋지 않아도, 그것이 크게 잘못될 것 없다는 사실에 위로받았습니다. 실수에만 집중하던 삶에서 벗어나, 실수를 통해 배우고 성장하는 삶으로 나아가는 중입니다. 실수는 나를 작아지게 하는 게 아니라, 서로를 더 연결하게 하는 용기이자 성장의 열쇠였습니다.

컴퓨터 과제 중 화상회의를 할 수 있는 줌 사용법을 알려드릴 때였습니다. 예정된 시간은 1시간이었지만, 줌 사용법을 줌으로 알려드린다는 것은 생각보다 훨씬 어려웠어요. 결국 제대로 알려드리지 못했고, 예정된 시간은 흘러가고 똑바로 알려드리지 못한 것에 부끄럽고 죄송한 마음이 들었습니다. 그런데 놀라운 일이 일어났습니다. 예전 같았으면 주눅이 들어 움츠러들었을 텐데 거기서 멈추지 않았습니다. 도움이 될 만한 자료를 찾아 단톡방에 올리고, 미션도 드렸어요. 다음엔 어떤 부분이 어려울지 미리 파악해 더 나은 실습을 준비해야겠다고 다짐했죠.

과거에는 실수 하나에도 무너졌던 제가, 지금은 실수 속에서도 다음을 준비하고 있었습니다. 그런 모습이 참 대견하고 자랑스러웠어요. 이런 변화는 심리학에서 말하는 '성장형 사고방식'과 닮아 있었습니다. 캐럴 드웩 교수는 이를 능력은 타고나는 것이 아니라 노력과 경험을 통해 발전할 수 있다고 믿는 태도라고 설명합니다. 새로운 걸 배우고, 어려워도 부딪히고, 실수를 통해 성장하는 제 모습이 자꾸 보고 싶어졌어요.

책 내용도, 사람들과의 대화 속에서 얻은 인사이트를 잘 흡수했습니다. 타인의 의견을 잘 믿는 기질은 과거엔 단점이었지만, 이제는 성장을 가속화 하는 장점이 되었습니다. 책과 사람, 그리고 실천하는 태도가 성장하게 했습니다. 사람들 앞에서 말도 못 하고, 늘 눈치를 보며 주눅 들어 있었던 제가 이제는 '저 같은 사람도 이렇게 달라질 수 있구나'라는 확신이 생겼습니다. 저처럼 자신감 없고, 두려움에 가득 찬 누군가는 저라는 사람이 작은 희망이 될 수도 있겠다는 마음이 생겼어요. 그런 마음이 생긴 순간, 삶의 의미가 새롭게 떠올랐습니다. "내가 더 나아져야 하는 이유는, 나와 같은 누군가에게 용기를 주기 위해서다." 이 문장은 저희 소명이 되어 힘들고 지칠 때마다 마음속에서 반복되며 진짜 힘이 되어 주었습니다.

"삶에서 의미를 발견하는 것, 그것이 인간의 가장 중요한 동기이다."
- 빅터 프랭클, 『빅터 프랭클의 죽음의 수용소에서』

삶의 의미를 찾은 것은 두려움과 고통을 견디고 앞으로 나아가게 했습니다. 실수해도 괜찮고, 느려도 괜찮고, 불완전해도 괜찮다는 걸 깨달으면서요. 누구나 자유롭게 말하고 행동하며 살고 싶어 할 겁니다. 그런데 진짜 자유는, 나를 있는 그대로 받아들이고 표현할 때입니다.

저를 가두던 완벽주의에서 벗어나, 실수도 성장의 일부로 받아들이는 태도, 이것이 자존감을 회복하는 하나의 길이라는 것을 이제 알았습니다. 그리고, 이 작은 용기가 누군가에게도 시작이 될 수 있단 것도요. 진짜 나를 만나는 여정은 불완전함을 품고도 괜찮다고 말할 수 있을 때입니다. 실수도, 두려움도, 성장의 또 다른 이름이에요.

자기 계발에 집착한 이유… 이제 알 것 같습니다. 그것은 내 존재에 대한 증명 때문이었습니다. 그 프로그램을 하지 않으면 가치 없는 존재, 쓸모없는 존재라는 생각이 무의식중에 그런 집착으로 나타난 거죠. 하지만 실수하며 알았습니다. 사람이라면 존재의 증명을 하지 않아도 있는 그대로 소중하고 온전하며 가치 있는 존재입니다. 실수해도 충분히 멋지고 훌륭한 존재입니다.

4

바꾸지 않으면 반복된다

진심으로 변화하고 싶나요? 아마 지금과 다르게 살고 싶은 마음 조금씩은 누구에게나 있을 거예요. 하지만 변화는 두렵고, 새로운 선택은 불안하게 느껴지죠. 가 보지 않은 길에는 어떤 일이 기다리고 있을지 모릅니다. 상황을 더 좋게 만들려고 다른 시도를 했다가, 오히려 더 안 좋아질까 봐 걱정되기도 해요. 부정적인 생각은 꼬리에 꼬리를 물고 '할 수 있다'라는 의지는 약해지면서 결국 예전의 나로 돌아가 버립니다.

익숙한 목소리가 들리죠. '그냥 하던 대로 해.', '네가 책임질 수 있어?', '그건 위험한 일이야.' 같은 말들이 마치 나를 보호해 주듯 들립니다. 하지만 사실은 불안을 앞세워 도전을 멈추고 성장도 멈추게 하는 말이에요. 도전하면 성장하기 마련인데, 실패 그게 두렵고 책임지기 싫어 아예 포기하는 거죠. 자신감은 줄고, 또다시 남들이 정해 놓은 기준에 자신을 맞춥니다.

남들의 선택을 따르는 편안함 속으로 빠져들고, 내 마음을 진정으로 들여다볼 기회를 잃습니다. 정말 중요한 건 바로 그 지점에서 나의 진짜 마음을 끝까지 바라보는 일입니다. 갈등이 오더라도 피하지 말고, 정말 원하는 게 무엇인지 물어보아야 해요. 어쩔 줄 몰라 불안해도, 그 불편한 순간을 끝까지 가 보는 겁니다. 그것이야말로 진짜 변화의 시작입니다. 바꾸지 않으면, 예전의 나로 되돌아갈 수밖에 없습니다. 예전처럼 살고 싶지 않다면, 지금 다른 선택을 해야 합니다.

우선, 부정적인 생각이 들 때는 빨강 신호등을 떠올려 보세요. 지금 멈춰야 할 때라는 신호입니다. '이건 잘못될 거야'라는 생각이 들면, '그건 정말 사실일까?'라고 물어보세요. 그렇게 알아차리는 것만으로도, 무겁게 느껴졌던 생각이 훨씬 가벼워질 수 있어요. 반면 알아차리지 못하고 생각에 빠져 있으면, 점점 더 많은 상상과 불안이 지속되며 행동하지 못하게 붙잡아 버립니다. 불안은 커지고, 마음은 숨게 되죠.

'잘 될 거야'라는 생각보다 부정적인 생각이 먼저 앞서는 건 당연한 일입니다. 가정에서도, 학교에서도, 사회에서도 '잘못'만 지적받으며 자랐기 때문입니다. 실수하지 않으려 노력하고, 생각을 표현한다거나 질문은 특별히 '똑똑한 사람만 할 수 있다' 생각했습니다. 엉뚱한 걸 물었다가 사람들의 따가운 시선을 받을 수도 있기 때문이었죠. 하지만 그런 일들, 거의 일어나지 않습니다. 혹여 잘못했다 해도, 큰일이 벌어지는 경우는 드뭅니다. 만약 실수했다면 그 실수한 장면을 제일 오래 기억하고 괴로워하는 사람은 누구일까요? 바로 나 자신입니다. 대부분 사람은 오래 기억하지 않아요. 나 아닌 다른 사람의 일은 쉽게 잊히게 마련입니다. 그러니 지적받는 일에 그렇게 오래 머물지 마세요.

설령 타인이 지적했어도, 그 지적되는 부분으로 나의 전체가 결정되는 것이 아니며 그것은 단지 나의 '일부분'일 뿐이란걸 기억하세요. 나는 긴장되는 상황에서 말을 더듬거나 실수를 하는 사람이지만, 또 다른 상황에서는 말 잘하고 표현 잘하는 나도 있어요. 내 안에는 다양한 모습이 공존하고 있습니다. 못하는 것 하나에만 집중하지 말고, 잘하는 것에도 관심을 가져보세요. 자신감이 오르고, 도전하고 싶은 마음이 생겨납니다. 도전은 결과에 상관없이 성장입니다. 다른 사람은 몰라도, 내가 잘하는 것, 하고 싶은 것, 좋아하는 것을 발견하는 일은 꼭 필요합니다. 그렇게 자신을 다시 믿게 될 때, 변화는 시작돼요.

독서 모임을 만들었습니다. 리더로서 첫 독서 모임이라 너무나 떨렸어요. 일주일에 한 번 줌으로 모였는데, 혹시 같이 독서하는 분들께 폐가 되는 게 아닐까 걱정했습니다. 저는 아무것도 아니고, 해 줄 것이 없는데 그분들의 소중한 시간을 빼앗는 건 아닐까 싶은 생각이 들었거든요. 시작 전에 항상 마음이 무거웠습니다. '이 모임이 별로라 다음엔 안 오시는 건 아닐까?', '이대로 모임이 사라지는 건 아닐까?' 하는 부정적인 생각은 계속됐어요. 온갖 안 좋은 상상을 다 했던 거죠.

자기비판이나 상대의 거절은 대표적인 부정적 생각 습관입니다. '난 안 돼', '나는 늘 이렇지!', '상대는 반대할 거야.' 등 이런 생각들이 바로 시작이에요. 딱 한 번이라도 스스로 잘못만 지적하며 살아온 자신을 되돌아보세요. 누구보다 자신에게 더 가혹하게 대했던 그 마음을, 이번엔 온기 가득한 따뜻한 시선으로 녹여 주는 거예요. 굳어 있던 마음이 천천히 풀어질 수 있도록요. 상대에게만 너그러웠던 자신을, 이제는 그들보다 나에게 조금 더 따뜻한 마음을 내어줘야 할 때입니다. 실은 자신에게 조금만 온기를 줘도 그 따뜻함은 퍼져 나가 우리를 더욱 새롭게 합니다. 그렇게 하면 오랜 부정적 생각 습관에서도 조금씩 벗어날 수 있어요.

걱정되는 마음을 안고 독서 모임을 시작하면서 있는 그대로의 불안한 마음을 털어놓았습니다. "첫 진행이라 모르는 것도 많아요. 도와주세요."라고 말했더니 떨림이 조금씩 가라앉았습니다. 있는 그대로를 인정하고 표현하니 신기하게도 자연스럽게 진행할 수 있었습니다.
무엇보다 모임에 오신 분들을 믿었습니다. 그분들은 이해해 주실 거라고요. 제 안에는 남들 앞에서 부끄러워하는 내가 있지만, 또 사람들을 잘 믿는 저도 있었습니다. 그 두 모습을 모두 인정하고 모임에 집중하니, 떨림은 사라졌고 모임은 즐거웠습니다.

변화는 두려움을 회피하지 않고 직면했을 때 시작합니다. 어찌해야 할지 모를 때가 바로 기회예요. 생각나는 건 그냥 밀고 나가 보는 거예요. 등에서 식은땀이 흐르고, 우왕좌왕하며 실수하더라도 그대로를 표출해 보세요. 잘되든 잘못되든, 그건 나중 일입니다. 그리고 실제로 무언가 잘못되더라도 상대는 우리가 생각하는 만큼 신경 쓰지 않아요. 어쩌면 '좀 이상하네?' 정도로만 생각하고, 금세 잊어버립니다. 나 자신만 오래 기억해요. 그리고 그건 나만 그런 게 아닙니다. 사람들 대부분 그렇습니다. 그러니까 너무 두려워하지 말아요.

자신의 있는 그대로의 모습을 표현할 때, 자신을 더욱 인정할 수 있어요. '상대가 나를 어떻게 볼까?'보다는 '지금 내 마음은 어떤가?'에 집중해 보세요. 그리고 그 마음을 솔직히 표현하면 떨림은 잦아들고 오히려 잘 될 수 있다는 희망이 피어납니다. 이런 기쁨은 누적될수록 자신을 조금씩 긍정적인 존재로 변화하고 성장하게 만듭니다.

그날, 나를 말하다

1년 전 독서 모임에서 3P 바인더 강사님과 특별한 저녁 식사 자리가 있었습니다. 참여자를 모집하고 있어 신청했어요. 그런데 그 자리에 제가 가도 되는지 걱정이 됐어요. 다들 교사나 강사였지만, 저는 그저 주부였거든요. 괜한 자격지심이 느껴졌습니다. '내가 가서 그들의 대화를 방해하는 건 아닐까?', '나 때문에 분위기가 이상해지면 어떡하지?', '싫어하면 어쩌지?'라는 별별 이상한 생각들이 들었습니다.

그럼에도 불구하고 이 기회를 놓치고 싶지 않았어요. 모든 걱정을 내려놓고, 조용히 신청했습니다. 사실은 걱정보다 달라지고 싶은 마음이 더 컸거든요. 그날 이야기할 내용을 메모해 두고, 그날이 오기만을 설레는 마음으로 기다렸습니다.

저녁 식사 당일. 막상 이야기를 꺼내려니 부끄러웠어요. 우연히 어려운 마음을 나눌 수 있는 주제가 자연스럽게 등장했습니다. 저는 조심스럽게, 남편에게 제가 하고 싶어 하는 것을 자유롭게 표현하지 못하는 마음을 털어놓았습니다. 말을 꺼낸 순간, 그렇게 시원할 수가 없었어요. 그들은 제 이야기를 귀 기울여 들어 주었고, 따뜻하게 공감해 주며 진심 어린 위로를 건넸습니다.

그때 받은 공감은 엄청난 위로가 됐어요. 용기가 불끈 솟아올랐고, '다음에도 이런 자리가 있다면, 또 이야기해 보자'라는 생각이 들었어요. 그리고 깨달았죠. 제가 진짜 두려웠던 것은 '남편에게 미움받는 것'이었다는 사실을요. 그 자리에서 이야기를 꺼내는 용기는 저를 변화시켰고, 집으로 돌아가 남편에게 제가 배우고 있는 것을 솔직히 말했습니다. 정말 뿌듯했어요.

사실 그날 이야기를 꺼낼 때 '남편에게 말도 못 하는 못난 아내'로 보일까 두려웠습니다. 하지만 솔직하게 마음을 드러냈고, 사람들은 외면하지 않았어요. 진심으로 공감하고, 친구로 봐주며, 따뜻한 말을 전해주었습니다. 그들을 오래 안 것은 아니지만, 제 마음을 진정으로 이해해 주는 친구라고 느꼈고, '내 이야기도 누군가에겐 의미 있는 이야기일 수 있구나'라는 걸 처음으로 실감했습니다. 책『미움받을 용기』에 나오는 공동체 감각이 저절로 떠올랐습니다.

"타인은 친구. 내가 있어야 할 곳은 바로 여기."

그날 진실한 모습을 드러내며, 공동체 안에서 안전함과 소속감을 깊이 느꼈습니다. 세상은 내가 생각하는 것보다 더 따뜻한 곳이었습니다. 악의적인 사람들만 있는 게 아니었습니다. 못난 이야기를 해도 친구가 될 수 있는 그런 곳이었어요. 이 경험은 저에게 마법 같은 힘을 주었습니다. 누군가를 만날 때 덜 두려웠고, 도전할 용기도 생겼습니다. 그날, 제 안에 있던 공동체 감각이 깨어난 걸 느꼈습니다.

그 후 사람들 앞에서 말을 더듬고 실수해도, 예전처럼 매우 부끄럽지 않았습니다. 그게 나니까요. 어차피 사람들에게 스쳐 가는 존재이고, 잊히는 존재니까요. 반대로 오히려 그 실수가 누군가에겐 도움이 될 수도 있으니까요. 그 사실을 안 뒤 자신에게 조금 더 너그러워졌습니다. 사람이면 누구나 실수하고, 그 실수를 통해 더 성장한다는 걸 알게 되었으니까요. 예전엔 책임이 두려워 회피했지만, 책임을 져야 성장합니다. 책임을 피해서는 자기 인생을 살아갈 수 없어요. 스스로 선택하고, 책임질 수 있어야 내 삶을 살아가는 것이죠. 만약 계속해서 회피만 한다면 다시 무력했던 그 시절로 돌아가게 될 거예요.

인생은 단 한 번뿐입니다. 그렇다면 남이 정해 놓은 틀에 맞춰 사는 것이 아니라, 스스로 선택하고 책임지는 진짜 나로 살아야 하지 않을까요? 순종적으로 남에게 제 인생을 맡긴다면 하고 싶은 것은 마음대로 하지 못하는 제 인생이 너무 가엽다는 걸 알았어요. 이제는 저를 알아가며 제 뜻대로 사는 것이 기쁨이란 것도 확실히 알았습니다.

바꾸지 않으면 반복된다

새롭게 하기 위해서는 새로운 선택을 해야 합니다. 두렵다면, 그 두려움을 부정하지 말고 있는 그대로 인정하고 말로 표현해 보세요. 그러면 생각보다 별거 아닐 수도 있어요. 실수해도 괜찮습니다. 실수를 보였다고 해서 뭐라 하는 사람은 많지 않아요. 자신이 타인의 실수를 아무렇지도 않게 여기는 것처럼요. 오히려 그 실수를 보고 저처럼 용기를 얻는 사람도 있고, 도움을 받을 기회가 되기도 합니다.

완벽해야 한다는 무거운 짐을 내려놓고, 누구나 품고 있는 불완전함을 받아들여 보세요. 그 속에서 서로 연결되고, 진정한 자신을 발견할 수 있습니다. 처음엔 어색하고 두려울 수 있어요. 그러나 그 어색함은 변화의 첫걸음입니다. 그것을 받아들이지 않으면, 새로움을 바라면서도 똑같은 삶을 반복하게 됩니다. 언제까지 그 자리에 머무를 수는 없어요. 마음을 먹었다면, 용기 내어 한 발 내디뎌 보세요.

매일 새로운 하루를 살아갑니다. 어제 회피했다고 오늘도 회피하란 법은 없어요. 오늘의 나는 어제와 다를 수 있어요. 지금, 이 순간, 내 마음은 어떤가요? 내가 무엇을 원하는지, 지금 이 감정을 있는 그대로 표현해 보세요. 처음 한두 번이 어렵지, 그다음부터는 점점 자연스러워질 거예요. 그걸 할 수 있는 사람은 바로 여러분 자신입니다. 할 수 있어요.
만약 말로 표현하는 것이 어렵다면, 글로 적어 보는 것도 좋은 방법입니다. 메모를 한다는 건, 나를 객관적으로 바라볼 수 있게 하고, 어떻게 나아갈지 스스로 생각해 보는 힘을 줍니다. 내가 언제 불안했고, 어떤 말에 상처받았는지, 나의 마음을 잘 표현하는 방법은 무엇인지 하나하나 적어 보세요. 그러다 보면 어느새 할 수 있을 것 같은 용기가 조금씩 피어오를 거예요.

편안함과 안락함만을 추구한다면 성장은 없습니다. 바꾸지 않으면 반복됩니다. 아무것도 책임지기 싫었던 제가 성장하지 못했던 이유도 거기에 있었어요. 자신을 똑바로 바라보는 것, 매일 새롭게 주어진 하루를 어떻게 살 것인지는 내가 결정하는 것입니다. 남들이 하라는 대로, 사회가 정한 기준에 따라 살다 보면 나는 사라지고, 누군지도 모르는 그들의 삶을 살게 됩니다. 이제는 오롯이 내 의견, 내 욕구, 내 마음에 집중해 보세요. 변화는 두려움과 불확실성을 동반합니다. 미래는 아무도 모르죠. 하지만 가 봐야 압니다. 직접 겪어보기 전까지는 내게 맞는지 틀리는지 알 수 없어요. 직접 경험하면 돼요. 부정적인 상상은 어디까지나 상상일 뿐입니다. 그런 상상이 밀려올 때는, '아, 내가 또 이런 생각을 하고 있구나' 하고 알아차려 보세요.

그것만으로도 이미 변화는 시작입니다. 그리고 새로운 선택을 해 보세요. 바꾸지 않으면 반복될 뿐입니다. 여러분에겐, 새로운 선택을 할 자유가 있습니다.

달라지려면 새로운 선택을 하라

　새로운 선택은 언제나 망설임을 동반합니다. 익숙하지 않은 길은 불확실하고, 잘못될까 두렵기 때문입니다. 하지만 망설이기만 해서는 아무것도 얻을 수 없습니다. 앞길이 캄캄하게 느껴지더라도, 그저 걸어가야 합니다. 누구도 먼 미래를 볼 수는 없어요. 우리가 확실히 알 수 있는 것은 지금, 이 순간뿐입니다.

　지금 내 느낌은 어떤지, 내가 무엇을 원하는지, 그리고 무엇을 할 수 있는지를 들여다보는 거예요. 아주 작은 변화도 괜찮습니다. 그런 생각을 해 보는 것, 그것 자체가 이미 성장입니다. 크지 않아도 좋습니다. 내가 하고 싶은 것을 조금씩 실행해 보는 거예요. 또 내 마음이 불편함을 감지했을 때, 그것을 표현해 보는 것도 좋은 시도입니다. 생각보다 별거 아닐 수 있어요. 결국 사람들은 남이 하는 말과 행동을 자신만큼 깊이 신경 쓰지 않습니다. 그 사실을 반복해서 감지하다 보면, 걱정은 줄어들고 자유롭게 행동할 힘이 조금씩 자라날 거예요.

자기 계발하며 책도 많이 읽고 모임도 많이 했습니다. 거기서 긍정적 영향을 받으며 활발한 활동을 하고 있었어요. 어느 날, 카톡방의 한 분이 직장 내 대인관계 고민을 털어놓았어요. 때마침 데일 카네기의 『인간관계론』을 읽고 있을 때였습니다. 그 책에서 배운 내용을 나누며 도움을 드리고 싶었죠. 하지만 걱정이 먼저 몰려왔습니다. '이런 얘기를 하면 오지랖으로 보일까?', '내가 잘못된 말을 하는 건 아닐까?' 그래서 몇 시간을 고민했어요. 그러다 문득,

'지금 내가 걱정하는 건, 정말 그분을 위한 것일까?' 아니면

'나를 어떻게 볼까 하는 염려일까?' 하는 생각이 들었습니다.

그 깨달음으로 처음 마음먹었던 대로, 알고 있는 내용을 정성껏 정리해 메시지를 보냈습니다. 메시지를 보낸 후, 주변 사람들의 반응은 전혀 없었습니다. 제가 걱정했던 '그건 틀린 얘기다.' 또는 '이런 고민은 전문가에게 들어야 한다.' 등 저의 메시지에 거부감을 보이거나 오지랖이라고 하는 사람은 없었어요. 고민을 털어놨던 분은 몇 시간 뒤에 "사실 고민을 쓰면서 많이 해결되었고 어떻게 해야 할지 감이 잡혔다." 말씀하셨습니다. 그날, 저는 아주 작은 자신감 하나를 얻었습니다. 하고 싶은 걸 해도 세상이 나에게 뭐라 하지 않는다는 걸 경험했어요. 예전 같으면 고민만 하다가 아무 말도 못 했을 겁니다. 하지만 이 작은 선택이, 진짜 달라진 나를 확인할 수 있는 계기가 되었어요.

변화에는 용기가 필요합니다.

두려워도 부딪혀 보는 용기

예상치 못한 일이 벌어져도 견뎌 낼 용기

완벽하지 않아도 실행해 보는 용기

그리고 내 선택에 책임질 용기

이 모든 건 무서운 것이 아니라, 우리를 단단하게 만드는 성장의 재료들입니다. 완벽하게 준비되고, 아무 불안 없이 행동하는 날은 오지 않습니다. 마음먹었다면, 지금 다르게 행동해 보는 겁니다. 그것이 진짜 변화의 시작입니다.

불안을 끌어안고도 선택할 수 있다

애초에 세상은 불안으로 만들어졌다고 합니다. 『나는 왜 생각이 많을까?』의 저자 홋타 슈고는, 사람들이 무언가를 하고 싶다는 욕망이 있어서 불안이 생기고, 이에 따라 세상이 만들어졌다고 말합니다. 과거 구석기 시대에는 사소한 방심도 생존을 위협했기에, 우리는 본능적으로 모든 정보를 민감하게 받아들이는 뇌 구조를 갖게 되었다고요.

하지만 지금은 상황이 다릅니다. 현대사회는 생존을 위협할 만한 일이 드물지만, 정보는 이전보다 훨씬 넘쳐납니다. 그렇게 넘쳐나는 정보들은 우리의 불안을 더욱 자극하고, 점점 더 많은 걱정과 두려움을 만들어 냅니다. 예민한 뇌는 끊임없이 정보를 받아들이고, 그 결과로 우리는 생각이 많아지고 점점 부정적인 방향으로 흘러가게 되는 것입니다.

이러한 부정적인 생각들이 우리의 행동을 멈추게 합니다. 생각이 많아질수록 익숙하고 안전한 길만 가게 되고, 새로운 시도를 꺼리게 되죠. 미래를 준비한다며 정보만 계속 수집하다 보면, 결국 아무것도 하지 못한 채 불안만 커집니다. 중요한 것은 불안을 인정하고, 다시 지금, 이 순간으로 돌아와 내가 진짜 원하는 것이 무엇인지 되새기는 것입니다.

우리는 세상을 통제할 수 없는데도 모든 미래를 통제하고 싶어 해요. 내가 아는 범위 안에서 일이 흘러가야 안심이 되니까요. 일이 예상과 다르게 흘러가면, 그 모든 책임을 나 자신에게 돌립니다. '내가 통제해야 했는데 실패했어'라는 생각은 결국 자존감을 깎아내리게 되죠. 하지만 사람이 모든 것을 통제할 수 있다는 건 착각입니다. 실제로 수많은 외부 변수 속에 살고 있고, 예측할 수 없는 일들이 끊임없이 벌어집니다. 그럼에도 불구하고 일이 잘못되었을 때마다 자기 자신을 탓하는 습관은 계속됩니다. 그것은 점차 부정적인 사고로 고착화시키고 행동까지 마비시키죠.

미국 펜실베이니아주립대 탐 보르코백 연구진의 조사에 따르면, 사람들이 걱정하는 일의 79%는 실제로 일어나지 않으며, 16%는 미리 준비하면 대처할 수 있다고 합니다. 즉, 실제로 문제가 되는 일은 5%에 불과하다는 것입니다. 그럼에도 우리는 95%의 가능성을 무시한 채 걱정에만 사로잡혀 행동하지 못하고 있어요.

설령 5%의 확률로 걱정하던 일이 실제로 일어났다고 해도, 그것이 전적으로 내 선택 때문만은 아닙니다. 세상은 다양한 환경적 요인, 타인의 의도, 우연 등으로 돌아갑니다. 나 하나의 행동으로 모든 일이 벌어진다는 건 과도한 자기책임이며, 자신을 고통스럽게 만드는 사고방식일 뿐입니다. 그러니 너무 자신을 몰아세우지 말고, 하고 싶은 일에 용기를 내 보는 거예요.

물론 예기치 못한 어려움이 실제로 생길 수도 있습니다. 용기를 내어 새로운 선택을 했는데 오히려 더 힘든 일이 벌어질 수도 있죠. 그럴 때 우리는 '왜 나만 이런 일이 생길까'라며 다시 자신을 탓합니다. 하지만 이는 또 다른 착각입니다. 좋지 않은 일은 나에게만 벌어지는 게 아니라, 이 세상 모든 사람에게 공통으로 일어나는 일입니다. 중요한 것은 그 이후에 내가 어떻게 대응하느냐입니다.

"행동하지 않고 후회하느니, 행동하고 후회하라"라는 말이 있습니다. 그 말처럼 내가 나를 표현하고, 솔직하게 드러내는 행동을 했을 때 진짜 나다운 삶을 살게 됩니다. 후회할 수도 있고 좌절할 수도 있어요. 그러나 그것은 그 어느 경험보다 값진 경험이 될 것입니다. 그러니 미리부터 일이 잘못될까 겁먹지 마세요. 세상일은 누구도 정확히 예측할 수 없어요. 새로운 선택은 두렵지만, 그 선택이야말로 나를 앞으로 나아가게 만드는 힘입니다. 완벽한 준비가 되지 않아도 괜찮습니다. 중요한 것은 불안을 인정하고, 지금, 이 순간 내가 진심으로 원하는 것이 무엇인지에 집중하는 것입니다. 그때 비로소 우리는 용기 있게 실천할 수 있습니다.

초점을 안될 것에 맞히기보다, '무엇을 배울 수 있을까?', '내 안의 어떤 재능이 드러날까?', '어떤 즐거움이 기다릴까'에 맞춰 보세요. 새로운 선택은 우리를 새로운 세상으로 데려다줄 열쇠입니다.

아니면 말고: 두려움을 넘는 작은 용기

남편에게 하고 싶은 일을 말하면 반대할까 봐, 솔직하게 말하는 것이 두려웠어요. 그래서 매번 혼자 결정하고 행동했는데, 그렇게 하면 오히려 불안이 더 커지고 마음이 괴롭다는 것을 알았습니다.

이제 달라지기로 했습니다. 거부당할 확률은 고작 5%일 뿐이란걸 알고, 나머지는 나의 부정적인 상상일 뿐이란걸 스스로 되뇌었습니다. 그 생각을 더 확실히 붙잡을 수 있었던 말이 있어요. '아니면 말고'였습니다. 이 짧은 말이 부정적인 생각에서 벗어나게 해 주었어요.

그 후 남편에게 하고 싶은 것을 말할 때마다 '아니면 말고'를 떠올리며 심각하게 생각하지 않기로 했습니다. 말해서 될 일이면 좋은 거고, 타당한 이유로 안 된다고 하면 안 하면 되는 거니까요. 그렇게 생각하니 솔직하게 말하지 못할 이유가 사라졌고, 결국은 대부분의 일을 말할 수 있었습니다. 그렇게 하고 싶은 일들을 하나하나 실행에 옮겼고, 하루였지만 혼자 여행도 다녀왔습니다. 이 여행도 말하기 전까지는 남편이 당연히 반대할 줄 알았거든요. 그런데 그건 착각이었습니다. 솔직하게 말하고 다녀와서 정말 행복했어요.

타인과의 대화는 늘 어려웠어요. 사람들이 내 말의 허점을 잡거나 틀린 점을 지적할 것만 같은 착각 속에 살았거든요. 늘 정답을 찾아 헤맸고, 그 안에는 진짜 내 생각이나 감정이 빠져 있었습니다. 내 말은 내 생각이 아닌 누군가의 이야기를 전달해야 안심됐어요. 그렇게 자신과 멀어졌고, 본래 생각과 감정은 무시되었죠.

어떤 일을 해도 재미가 없고 신나지 않았어요. 마음은 점점 무기력해지고 답답해졌죠. 이런 제가 다시 즐겁고 활기차게 살아갈 수 있었던 건 솔직함 덕분이었습니다. 못하는 것을 인정하고, 미리 솔직히 말하니까 마음이 편했고, 무엇이든 부담 없이 시도할 수 있었어요. 그리고 다른 사람들은 생각보다 저의 실수나 부족함에 별로 관심이 없다는 것을 재차 떠올렸어요. 그동안 저만 저 자신을 향해 눈을 부릅뜨고 있었던 겁니다.

그 사실을 깨닫게 해 준 또 하나의 말이 있습니다. "나는 시계의 숫자에 불과하다"라는 말이었어요. 그동안 자신을 시곗바늘이라고 생각하고 늘 누군가에게 어떻게 보일지를 신경 쓰고, 중심에 있어야 한다고 생각했죠. 하지만 사실 우리는 다른 사람 인생 속에서 그냥 스쳐 가는 숫자일 뿐이죠. 시곗바늘은 숫자를 지나칠 뿐, 오래 머물지도 않죠. 행동할 때 이 말을 떠올리면서, 즉각 실행을 이어 나갔습니다.

모든 것을 혼자서 감당해야 한다고 믿었어요. 나를 완전히 이해해 줄 사람은 없다고 느꼈죠. 하지만 어느 날 깨달았습니다. 책 한 권, 누군가의 말 한마디가 삶을 바꿀 수 있단 걸요. 앞서 말씀드린 두 가지 단순한 말은 제 인생 멘토 『힐링리포트: 채소과일식의 반란』 저자 추소영 작가님이 해 준 말입니다. 그 말이 온갖 망상을 물리치고 새로운 선택을 할 수 있도록 도와줬어요. 그래서 여러분도 혼자 애쓰지 않으셨으면 합니다. 당신 곁에도 분명 당신을 위해 준비된 책과 사람이 있을 거예요. 이 책도, 그리고 저도 그런 존재 중 하나였으면 좋겠습니다. 변화를 원한다면, 작은 선택부터 새롭게 해 보세요. 작은 변화가 모여 쌓이면 어느새 전혀 다른 인생을 살고 있을 겁니다.

오늘의 당신은, 어떤 새로운 선택을 할 건가요?

그 무엇보다도, 좋은 건 솔직한 내가 되는 일은 나를 가장 자유롭게 한다는 걸 잊지 마세요.

3장

불완전한 나를 받아들이기

: 당신이 느끼고 생각한 그대로 직진

> "괜찮아. 나를 미워해도 그건 그 사람의 선택일 뿐. 그게 내 존재를 결정짓는 건 아니야."

스스로를 미워했던 시간마저 안아주기

　결과가 중요한 사회에 살고 있습니다. '완벽해야만 사랑받을 수 있다' 라고 믿었어요. 실수하거나 실패하는 순간, 모든 걸 망쳤다는 죄책감을 느끼고, 자신을 '쓸모없는 사람', '가치 없는 존재'라고 여기는 부정적인 생각으로 빠지게 되었죠. 난 뭔가 잘못되었다는 믿음을 깊이 품고 살았 습니다. 학교 다닐 때나 직장에 다닐 때도 제 의견을 단 한마디도 하지 못했지요. 제 의견은 이미 다들 아는 내용일 거로 생각했고, 혹시 발표 했다가 틀리기라도 하면 웃음거리가 될까 봐 두려웠거든요.

> "우리에게 가장 습관적으로 일어나는 강력한 느낌과 생각이
> 우리가 '나'라고 생각하는 것의 핵심을 정의한다."
>
> - 타라 브랙, 『받아들임』

　저 자신을 '잘못된 사람'이라 믿었습니다. 그 생각은 곧 제가 완벽하지

못하다는 이유로 '결함 있는 존재'라 생각했습니다. 자신을 가치 없게 느꼈고, 자연히 말도 행동도 조심스러웠지요. 완벽주의는 끊임없이 불안하게 만들고, 나를 드러내는 것이 점점 더 어려웠어요. '내가 선택한 것이 틀렸다고 평가받으면 어떡하지?'라는 두려움이 컸고 아무것도 시도하지 않았습니다. 타인의 욕구나 기대에 맞춰 행동했어요. 제 마음과 목소리는 점점 작아지고, 결국은 나 자신보다 세상의 기준에 의존하는 삶을 살았죠.

내면에서 들려오는 부정적인 목소리

어느 날, 저에게도 좋은 기회가 찾아왔습니다. 노력하면 해낼 수 있을 것 같았고, 마음을 굳게 먹고 그 기회를 잡으려는 찰나, 마음속에서 이런 목소리가 들려왔습니다.

'그게 되겠어? 넌 늘 잘못하잖아.'
'네가 하면 일을 망칠 거야. 괜한 도전은 하지 않는 게 좋아.'
'그냥 하지 마.'

내면 깊은 곳에서 들려오는 '부정적인 나'였습니다. 겉으론 아무렇지 않은 척했지만, 마음속에서는 끊임없이 자신을 의심했어요. 그런데 이 목소리는 단지 나약한 내가 온전히 만들어 낸 게 아니었습니다. 그것은 과거에 반복적으로 비난받았던 환경 속에서, 나 자신을 지키기 위해 만들어진 심리적 방어기제였다는 걸 알았어요.

어린 시절, 완벽하지 못하다 믿었던 아이는 나서지 않는 것이 가장 안전한 선택이었고, 실수 없이 조용히 있는 것이 미움받지 않는 최고의 방법이었습니다. 그렇게 굳어진 믿음은 시간이 흘러도 여전히 내 안에 남아 있었습니다. 새로운 기회를 향한 도전 앞에서도, 여전히 그 믿음은 저를 붙잡았습니다. '하지 마. 너는 할 수 없어.' 그렇게 내면의 부정적인 생각은 도전을 제한하고, 새로운 선택을 가로막았습니다.

하지만 이러한 생각의 상당수는 실제 사실이 아니라, 내가 만들어 낸 부정적인 스토리텔링입니다. 그것은 현실이 아니라, 과거의 경험에 기반해 자동으로 생성된 감정의 반응일 뿐입니다. 그래서 할 수 있는 일도 못 한다고 믿게 되고, 결국 도전조차 하지 않게 되는 겁니다.

"나의 내부에서 끊임없이 솟아오르는 것처럼 느껴지는 나의 생각이나 경험이 사실은 외부로부터 주입된 온갖 스토리텔링의 결과임을 알아차려야 한다."

- 김주환, 『내면소통』

놓치지 말아야 할 사실은, 이러한 부정적 스토리들은 '현실'이 아니라는 것입니다. 외부의 기준, 완벽과 결과에 집착하는 시선은 자신의 생각을 흐리게 만듭니다. 실제로는 일어나지 않을 일들을 '최악의 시나리오'로 확대 재생산하는 것이죠. 이제 그 목소리를 구분할 수 있어야 합니다. 그것은 '나'의 목소리가 아니라, 과거의 상처가 흘러나온 '익숙한 소리'라는 걸 알아차릴 수 있다면, 우리는 그 목소리에서 벗어나 진짜 나의 이야기를 시작할 수 있습니다.

내면을 이해하고 공감하기

그렇다면, 이 부정적인 생각과 불안은 어떻게 다루어야 할까요?

첫 번째 단계는 자신을 비난하지 않고, 왜 그런 생각이 들었는지를 들여다보며 이해하고 공감하는 일입니다. 과거의 나에게 다정하게 찾아가, 그렇게 행동할 수밖에 없었던 이유를 차근차근 짚어주는 것이죠.

남편에게 하고 싶은 것을 떳떳하게 말하지 못했습니다. 하고 싶은 것을 말하면, 살림에 집중하지 않는다며 불만을 가질 것 '같았기' 때문입니다. 게다가 결과를 꼭 내서 보여 줘야 한다고 생각했습니다. 결과를 내지 못하면 쓸데없는 일을 한다고 '할까 봐' 불안했던 거죠. 믿지 못하는 시선이 두려웠고, 그 앞에서 떳떳하지 못한 저 자신이 싫었습니다. 컴퓨터 앞에 있는 저를 보며 '뭐 해?'라고 물으면, 혹시 이상한 걸 하고 있다며 비난하거나, 제 노력을 인정하지 '않을 것 같아' 늘 초조했어요.

이 불안들의 이유를 이제는 이해할 수 있습니다. 저는 단지 남편에게 사실대로 말하면 관계가 깨질까 봐, 그리고 사랑받지 못할까 봐 겁이 났던 것입니다. 불안해하고, 말하지 못하고, 숨길 수밖에 없었던 이유는 그때의 제가 저를 지키기 위해 최선을 다했던 방식이었습니다.

스스로에게 말했습니다.

"넌 그 상황에서 최선을 다했어."

"사랑받지 못할까 두려워 말하지 못했던 것도 이해해. 관계가 깨질까 무서웠으니까."

이처럼, 자신의 감정을 무시하지 않고 있는 그대로 인정하고, 그럴 수밖에 없었던 이유를 자신에게 설명해 주는 과정은 단순한 위로가 아닌 깊은 수용과 회복의 시작이었습니다. 부족함이 있어도, 혼란이 있어도 그 모든 것을 그대로 끌어안고 받아들이는 태도가 필요했습니다.

타라 브랙의 『받아들임』에서도 말하듯,

"내게 결함이 있다 할지라도, 나는 나 자신을 완전히 수용하기를 원한다."

진심으로 나를 이해하고 공감하기 시작할 때, 스스로에게 가장 따뜻하고 진정한 위로를 건넬 수 있습니다.

상처받은 자아 공감해 주기 - 내면 아이

마거릿 폴의 『내면아이의 상처 치유하기』에서는 내면 아이를 가장 약하고 상처받기 쉬운 부분으로, 감정을 우선시하는 직감적인 본능이라 설명합니다. 저의 내면 아이는 본래 밝고 유쾌하게 사람들과 어울리며 즐거움을 나누고 싶어 하는 아이였던 것 같아요. 하지만 어린 시절, 별것 아닌 행동으로 비난과 비판을 받으며 상처를 입었고, 점점 숨어 버리게 되었죠.

어느 날 학교에서 친구들이 저를 보고 웃었습니다. 그 웃음이 비웃음처럼 느껴졌고 얼굴이 화끈거리기 시작했어요. 집에서도 권위적인 분위기 속에 소심하게 지내면서, 사람들 앞에 나서는 일은 더욱 두려운 일이었습니다.

'사람들이 날 비난할 거야' 하는 생각이 점점 강해졌어요. 타인의 반응을 중요하게 여겼고 타인의 인정이 전부였던 삶이었으니까요. 사실 누구나 타인의 평가를 중요하게 여기고, 사랑받고 인정받고 싶은 마음은 조금씩 갖고 있는 것 같아요. 저에겐 그게 좀 많이 적용되었죠. 반드시 좋은 사람으로 보여야 했고, 친구들과 잘 어울리고 싶었고, 누구에게나 환영받고 싶었어요.

그러나 부족한 내 본래 실체로는 그 욕구를 만족하기 어렵다고 생각했어요. 부족한 나는 감추고 타인의 욕구를 우선시했습니다. 그 과정에서 욕구와 감정은 점점 뒤로 밀렸어요. 하지만 내면 깊은 곳에서, 내 본래 실체로 사람들과 어울리고 싶은 욕구가 있었습니다. 그 마음은 사라지지 않았어요. 오히려 숨겨진 채 더욱 강렬한 메시지로 저에게 다가왔습니다. 그 목소리를 외면한 채 늘 타인의 목소리로 산 삶은, 저를 지치게 했습니다. 그렇게 살다 보니 내면 아이는 점점 더 억눌렸고, 마음을 알아주지 않는 삶 속에서 무기력과 좌절을 느꼈습니다.

본능을 억누른 삶은 결국 자신을 미워하게 했습니다. 하지만 이제 돌아보면, 그 모든 행동은 저를 지키기 위한 최고의 선택이었다는 걸 알 수 있습니다. 비난받고 싶지 않다는 마음, 좋은 사람으로 보이고 싶다는 욕구는 관계를 유지하려는 자연스러운 노력이었어요. 이제 중요한 것은, 그 당시의 나를 비난하는 것이 아니라 공감하고 이해해 주는 일입니다. 왜 그렇게 자신을 숨기며 살았는지를 후회하기보다는, 그럴 수밖에 없었던 나를 다정하게 안아주는 것이 필요했습니다.

누군가에게 공감받을 때, 마음이 놓이고 평온해집니다. 그리고 그 누군가가 바로 '자기 자신'일 때, 더 깊은 연민이 생기고, 고통과 상처를 더욱 따뜻하게 어루만질 수 있습니다. 나 자신을 미워했던 시간도, 결국은 상처받지 않기 위한 방어기제였다는 것을 인정할 때 치유가 시작되었어요.

속으로 말해 봅니다.

'그때 정말 힘들었지? 하지만 이제 괜찮아. 넌 그 상황에서 최선을 다했어.'

'완벽해지려고 애쓴 건 모두 사랑받고 싶어서였어. 너의 그 마음을 충분히 이해해.'

내 욕구를 숨기며 산 것은 잘못이 아닙니다. 타인의 기대에 맞추기 위해, 사랑받기 위해, 인정받고 싶은 마음을 표현했던 방식일 뿐이죠. 이제는 그 과정을 내가 먼저 인정하고, 내면 깊은 곳에서 들려오는 진짜 나의 욕구를 다시 발견해야 합니다.

이해와 공감을 받은 내면 아이는 자신의 본모습을 조금씩 드러내게 됩니다. 내면 아이를 깊이 이해하고 다독이는 과정은 본래 나를 온전히 받아들이고 성장할 힘을 주었습니다. 힘을 얻은 아이는 더 이상 숨기지 않아도 된다는 것을 알고, 자신의 진짜 마음을 꺼내어 보여 주기 시작했죠. 그리고 마침내, 타인의 시선이 아닌 자신의 목소리를 따라 살아갈 용기를 얻게 됩니다.

2

있는 그대로 나를 마주하기

 자기 내면 깊은 욕구는 어떻게 마주하고, 또 어떻게 표현할 수 있을까요? 나를 이해하고 공감하면 솔직히 표현할 수 있다는데, 아직도 막막하기만 합니다. 두려워요. 정말 나 자신을 표현해도 되는 걸까요?, 상대가 뭐라고 하지는 않을까요? 그냥 예전처럼 조용히, 있는 듯 없는 듯 표현하지 않고 따라가기만 하고 싶은 마음이 올라옵니다. 하지만 그렇게 살다 보면 결국 상대의 눈치를 보며, 그 사람 눈에 거슬리지 않으려 가면을 씁니다. 좋은 사람으로만 보이기 위해 애쓰다 본래 마음은 점점 작아지는 것이죠.
 정서적인 '노예'의 삶입니다. 그 삶에서 벗어나기 위해 자신을 들여다보고, 그동안 들을 수밖에 없었던 부정적인 목소리의 이유를 찾아야 합니다. 그 후 그 목소리마저 끌어안으며 스스로를 위로해야 하죠. 그런데, 막상 용기를 내려 하니 불안하고 초조한 마음이 앞섭니다. 그것은 너무나도 자연스러운 반응입니다. 타인의 목소리에만 귀 기울이며 살아온 시간이 하루이틀이 아니니까요. 내 안의 부정적인 목소리는 '걱정'일 뿐이란걸 알아요. 하지만 알았다고 해서 바로 행동하기란 어렵습니다. 나를 믿는 마음이 아직은 부족하니까요.

그렇다면 이제, 이런 마음을 품고 있는 '나'를 가만히 들여다보아야 할 때입니다. 이제는 정말 다 알았는데, 아직도 실천하지 못하고 있는 자신이 정말 애틋하게 느껴지지 않나요? 얼마나 오래, 그리고 또 깊이, 그런 마음에 물들어 있었으면 지금도 그 자리에 그대로 주저앉아 있는 걸까요. 표현할까 말까 망설이는 나 자신이 참 처연하게 느껴집니다. 자신을 계속 노예로 만들고, 항상 누군가의 처분을 기다리는 죄인처럼 살아가는 모습이 가슴 아픕니다. 어떻게 헤어 나올 수 있을까요? 그 넓고 깊은 부정의 늪에서 자신을 꺼내 줄 방법은 정말 없는 걸까요?

나 자신을 명확히 보기

좌절된 마음이 들었다는 걸 자세히 느껴보세요. 그리고 그 순간을 있는 그대로 받아들입니다. '나는 왜 이렇게 멍청하게 또 똑같이 하고 있을까?' 하며 자신을 비난하지 말고, 그 마음을 절대적으로 이해하고 수용하는 거예요. 어떤 마음이 올라오든 괜찮습니다. 억울한 마음, 답답한 마음, 울화가 치미는 마음, 속상한 마음… 그 모든 감정을 억누르지 말고, 있는 그대로 느껴 보는 거예요.

너무 오랫동안 습관처럼 자신을 비난하고 비판해 왔습니다. 어느새 감정이 올라오면, '난 왜 이럴까?' 하며 또다시 자신을 몰아붙이기에 바빴어요. 우리는 우리 자신에게 지나치게 엄격합니다. 조그만 실수도 마치 큰 죄를 지은 것처럼 자신을 구박하죠. 어디서부터 그랬는지 모를 '완벽해야 한다'라는 착각 속에서, 끊임없이 학대했습니다. 반복해서 이야기하지만, 완벽은 없습니다. 그건 허상의 신기루 같은 것이죠. 이제는 그 생각에서 벗어나, '지금 내가 할 수 있는 것'을 하고 거기서 오는 감정을 온전히 느껴 보세요.

실수해서 부끄러운 마음이 들었다면
'아이고…. 그래, 부끄러웠구나.' 하고 다정하게 말해 주는 거예요.
그러면 '왜 그랬을까, 난 정말 못해….'라는 자책보다
'그래, 얼마나 잘하고 싶었으면 그랬을까.' 하는 연민이 생기고, 자신을 안쓰럽게 바라봅니다.

이 감정은 중요합니다. 이렇게 자신을 수용할 때, 자연스럽게 '그럼 다음엔 어떻게 해 볼까?'라는 생각이 따라옵니다. 이건 '실수하지 말아야지'라는 두려움에서 나오는 변화와는 전혀 다릅니다. 왜 우리는 그렇게 잘하고 싶은 걸까요? 그저 내가 아는 걸 보여 주고 싶어서? 물론 그런

부분도 있겠지요. 하지만 더 본질적인 이유를 깊게 들여다보면 '내가 똑바로 하면, 누군가는 제대로 도움을 받겠지'라는 깊고 따뜻한 마음일 겁니다.

변화는 기운이 넘치고 생기 있게 다가옵니다. 반대로 '난 정말 못해….'라는 생각으로 실수를 줄이려 하면, 결국 불안한 마음으로 실수를 더 하게 될 수 있어요. 결국 모든 것은 선택입니다. 있는 그대로의 감정을 명확히 보고 수용하며, 불완전한 나를 안아줄 것인지. 아니면, 감정을 부정하고 신기루 같은 완벽을 좇을 것인지. 선택은 자유입니다. 그러나 어떤 선택이 진짜 자유를 주는지는 이제 알 수 있겠지요. 우리는 진짜 자유를 선택할 수 있습니다.

지금껏 자신을 '완벽'이라는 감옥에 가두고 비극적인 드라마를 써 온 시간을 떠올려 보세요. 아마 너무 많은 시간을 그 감옥에서 지내며, 자신을 안타깝게 여긴 적도 많았을 겁니다. 이제 그 시간을 애도하고, 지금 내 안에서 올라오는 감정들을 비난하지 말고 솔직하게, 온전히 수용해 봅시다. 그 과정에서 내 능력의 한계도 보이고, 앞으로 주의를 기울일 점도 자연스레 떠오를 겁니다. 나를 명확히 보고 인정할 때, 변화합니다. 이것은, 당신의 가슴을 다시 뛰게 만들고 앞으로 나아갈 수 있는 놀라운 힘이 되어 줄 것입니다.

스스로 공감자 되기

얼굴도 모르는 타인의 시선에 얽매여, 그들의 기대를 충족시키기 위해 자신을 잃어버린 삶을 알았습니다. 타인의 가면을 쓰고 살아온 인생이 얼마나 갑갑하고 초조했을까요. 이런 고통스러운 마음을, 과연 누가 가장 잘 알까요?

바로 자기 자신입니다.

자기 자신에게 진정한 위로와 공감을 건넬 수 있는 가장 중요한 사람이 바로 '나'예요. 내면 아이는 자신의 마음을 알아주고 공감받을 때 본모습을 드러냅니다. 그 든든한 공감자가 바로 '나'입니다. 어떤 모습이든 포용할 수 있는 자신이 되어, 진심 어린 위로와 공감을 자신에게 건네는 이 과정은 우리에게 깊은 안정감을 주고, 진실한 용기를 꺼낼 힘을 줍니다.

"우리 자신이 얼마나 고통 속에 있는지를 표현할 때, 함께 살고 있는 고통의 정도를 알고 느끼는 것이 우리 자신의 가슴과 다시 연결해 준다."

- 타라 브랙, 『받아들임』

끝도 없는 부정적인 생각 속에서, 자신을 학대하고 비난했던 그 모든 시간을 가장 정확히 알고 있는 사람 역시 '나', 입이다. 자신을 날카롭게 평가하고, 누구에게든 잘 보이려고 애쓰며 비참하고 서러웠던 그 긴 시간을 가장 샅샅이 기억하는 사람도 '나' 입이다. 그 시간을 하나하나 떠올릴수록 점점 내가 나에게 주목할수록 마음속 연민과 함께 따뜻함이 퍼집니다.

그렇게밖에 살 수 없었던 이유,
너무 좁아져 있던 시선,
그럴 수밖에 없도록 만든 환경….
모든 것이 애처롭고 안타깝습니다. 이제는 판단을 멈추고, 그저 살아온 그대로의 나를 불쌍히 여기고 다정하게 보듬어 주는 거예요. 자신을 가두며 '나는 뭘 해도 안 돼'라고 비난하던 나에게 이렇게 말해 줍니다.

"그래도 잘 살았어. 남들의 시선 속에서도 이만큼이나 성장했잖아.
정말 대단한걸? 멋지다! 이렇게 잘 살아온 너는,
앞으로 온전히 너를 표현하며 살 수 있어.
할 수 있어. 너는 있는 그대로 빛나는 아이니까. 나는 항상 너를 응원해!"

가슴 깊숙한 곳에서 끓어오르는 이 묵직한 응원은 어떤 거센 파도가 몰아쳐도 흔들리지 않는 뿌리 깊은 안식처가 되어 줍니다. '나는 뭔가 잘못되었어'라는 두려움의 목소리는 더 이상 나를 지배할 수 없어요. 그 목소리를 이해하고 따뜻하게 감싸 안아줄 수 있는 넓은 마음을 가진 또 다른 나 자신이 있으니까요. 이런 보살핌 안에서 '완벽하지 않아도 괜찮다'

라는 메시지를 반복해서 전합니다. 그 반복은, 조금씩 나를 드러낼 용기와 자신감을 키워줍니다. 불안이 몰려올 때마다, 내 감정을 친구 대하듯 수용하고 친절하게 대해 보세요. 친구에게는 한없이 너그럽고 부드럽게 대하잖아요? 그렇게, 나 자신에게도 해 주는 겁니다.

"우리가 수용할 수 있는 것의 경계는 우리 자유의 경계다."

- 타라 브랙, 『받아들임』

자신의 감정을 받아들이고 그 감정이 어떤 '수용'을 원하는지를 들여다보는 것, 그것은 결국, 자신을 진짜 자유롭게 합니다. 이러한 과정을 반복하다 보면 자기 자신을 신뢰할 수 있어요. 이제는 타인의 반응이 아니라 내 마음이 무엇을 원하는지 먼저 살피게 되고, 그 마음에 귀 기울이며 자신이 얼마나 소중하고 존중받아야 할 존재인지 조금씩 깨달아가기 시작합니다. 그리고 그렇게 자신을 존중하는 만큼 타인도 존중할 수 있는 기쁜 의식을 할 수 있죠. 스스로가 가장 안전하고 든든한 공감자이자 안식처입니다. 무섭고 불안하고 떨릴 때, 가장 가까운 곳에서 가장 빠르게 나에게 주목하고 집중해 줄 수 있는 유일한 조력자입니다.

자신을 미워하지 말고, 가깝고 친한 친구처럼 대해 주세요.
두려움에 떨고 있는 자신에게 언제든 다가가 부드럽게 감싸 안아줄 그 마음을 지금, 나 자신에게 내어 주세요.

있는 그대로 마주하는 용기

자신을 있는 그대로 마주한다는 것은 지금까지의 생각과 경험, 감정들을 정리하고 '나는 무엇을 원하는가'를 정확히 들여다보는 일입니다. 이것은 결코 쉬운 일이 아닙니다. 우리는 평생 보통을 향해 달리고, 서열과 경쟁 속에서 살아왔기 때문입니다. 그런 세상 속에서 자신의 목소리를 내는 일은 큰 용기가 필요한 일입니다.

하지만 앞서 말했듯, 자신을 향한 절대적인 공감은 우리에게 안정감을 선물합니다. 이 안정감은 새로운 선택을 가능하게 하고, 이전에는 보지 못했던 나의 잠재력을 드러나게 합니다. 저는 누군가의 의견을 다 수용하고 의견이 뚜렷하지 않은 성향을 단점으로 여겼습니다. 하지만 그건 넓은 포용력이라는 강점이기도 했습니다. 그 사실을 깨달았을 때, 더 이상 저를 부끄러워하지 않았습니다. 오히려 내게 딱 맞는 것을 선택해 가는 유연함과 섬세함이 있다는 걸 발견했습니다. 자신을 깊이 바라보고 받아들이는 시간은 나를 더 당당하게 표현하는 시간이 됩니다. 여태껏 몰랐던 나의 가능성을 조금씩 발견하게 해 주죠.

공감은 자신감의 씨앗이 됩니다. 절대적인 공감으로 자신에게 안정감을 주세요. 한 번에 모든 걸 하려 하지 않아도 괜찮습니다. 조금씩, 천천히, 나를 위하는 마음을 내게 보여 주세요. 그렇게 쌓인 마음은 언젠가 자신을 믿고 당당하게 마주하는 힘이 됩니다. 거절당할까 두려운 순간이 찾아올 때, 이렇게 속으로 말해 보세요. '괜찮아, 나를 미워해도 그건 그 사람의 선택일 뿐. 그게 내 존재를 결정짓는 건 아니야.' 이 말을 자신에게 계속 건네다 보면, 우리 자신을 더 믿고, 더 존중하는 사람이 될 것입니다. 자신감은 있는 그대로의 나를 존중할 때 생깁니다. 용기를 내어 표현할수록 나를 더 명확히 볼 수 있습니다.

"우리는 우리 자신이나 우리 삶과 될 수 있는 한 가장 깊은 수준에서 친구가 되기를 배우고 있다."

- 티베트 불교계, 페마 초드론

3

내가 느끼고 생각한 그대로 옳다

본모습을 수용할 때 진짜 자유가 시작된다

여러분에게 다시 태어날 기회가 주어진다면, 지금 이대로의 삶을 다시 선택하시겠습니까?

이 질문에 선뜻 '그렇다'라고 대답하는 사람은 많지 않을 것 같습니다. 보통 사람들은 삶의 사건을 돌아볼 때 본능적으로 부정적인 시선으로 바라보곤 하죠. 이런 경향은 단순한 성격 문제가 아니라, 앞서 말한 것처럼 인류 생존을 위한 본능에서 비롯된 것입니다.

현대사회는 이제 생존의 위협보다 더 큰 것은 비교와 경쟁입니다. 누군가가 새집으로 이사했다는 소식을 들었을 때, 단순히 축하하기보다는 '나는 왜 아직도 이런 집에 살고 있지?' 하며 자신을 비교하고 자책하는 일이 흔합니다. 이런 비교는 우리 안의 부정적인 감정을 자극합니다. '나보다 잘난 사람이 나타나면 어쩌지?', '나만 뒤처지는 건 아닐까?' 하는 불안과, '더 많이 가져야 한다'라는 욕망이 기준이 됩니다. 그렇게 자기 삶을 있는 그대로 바라보지 못하고, 끊임없는 자책과 불안의 굴레에 갇히게 됩니다.

이럴수록 자신의 감정을 알아차리고 수용하는 자세가 필요합니다. 수용하지 않는다는 것은 결국, 자신의 감정을 책임지지 않는다는 것이며, 자신을 외면하는 일입니다. 과연 나는 지금 내 감정을 받아들이고 있을까요? 아니면 거짓된 편안함만을 쫓아, 불편한 감정들을 애써 외면하고 있지 않나요?

독서 모임에서 책 실습 진행을 앞두고 마음이 무척 떨렸고 무서웠습니다. 또다시 고질병이 찾아온 듯했죠. '사람들이 나를 뭐라 하지 않을까?' 하는 생각이 떠오르자, 그 생각을 알아차리고 멈추었습니다. 그리고 용기 내어 그 떨림과 무서움을 솔직히 말했습니다. "이 책에 이 실습자료가 맞는지 많이 떨렸습니다. 잘못된 걸 실습해서 선생님들께 피해가 되는 건 아닌지 마음이 조마조마했어요." 그 순간, 마음이 놓이고 함께하던 분들은 따뜻하게 응원해 주었습니다. 또 이 실습자료를 위해 얼마나 준비했겠냐며 저를 되돌아볼 기회까지 주셨습니다. 실습에 참여한 분들이 하나라도 얻어 가길 바라는 마음은 진심이 있었기에, 누구도 비난할 이유가 없다는 걸 알았습니다.

무서움과 떨림이라는 감정을 외면하지 않고 마주했기에, 그 안에 숨어 있던 '진심으로 베풀고자 했던 나'의 욕구를 발견할 수 있었습니다. 감정을 알아차리고 수용하는 데는 '내가 느낀 그대로 옳다'는 자기 긍정이 바탕이 되어야 합니다. 내 안의 부정적인 감정까지도 인정해야 감정 너머에 있는 진짜 욕구를 만나고, 자유를 얻을 수 있는 것 같아요.

수용은 나의 내면을 진정으로 이해하는 힘을 길러줍니다. 그리고 이 힘은 나를 신뢰하게 만들고, 삶의 다양한 상황에서 흔들리지 않는 단단한 마음 근력을 만들어 줘요. 자신을 긍정하며 마주하는 신뢰, 우리 함께 키워 볼까요? 그것은 내 삶을 선택할 수 있는 진짜 자유의 시작이 될 것입니다.

배우고 익히는 긍정

10년 전, 처음으로 독서 모임에 참석했을 때의 일입니다. 10명이 넘는 사람들이 빙 둘러앉아 『창문 넘어 도망친 100세 노인』이라는 책을 나누던 자리였지요. 저는 책을 끝까지 다 읽지 못하고 앞부분만 읽고 참석한 상태였습니다. 어렵게 자기소개를 마친 후 책 이야기를 나누던 중, 노인의 성격을 말했습니다. "정말 이런 노인이랑 같이 살면 피곤합니다. 저도 이런 비슷한 남자와 살고 있거든요." 그런데 그 순간, 분위기가 이상하게 흐르는 것 같았어요. 책에 대해 이런 개인적인 이야기 말고 뭔가 더 중요하고 깊이 있는 이야기를 해야 할 것 같은 느낌이 들었거든요.

그 이후 모임에 다시 나가지 않았습니다. 아직 독서 모임에서 이야기할 역량이 없다고 생각했어요.

분위기가 썰렁해지면 '내가 뭔가 또 잘못했구나!'라는 생각부터 들었습니다. 나도 모르게 자동으로 학대하는 부정적인 이야기를 만들어 냈던 거죠. 하지만 이제는 그럴 때마다 이렇게 말해봅니다. '아, 내가 또 이야기를 만들고 있구나!' 그리고는 '왜 그랬을까'라는 자책 대신, '그때 그렇게 한 건 다 이유가 있던 거야' 하며 자신을 이해해 보세요. 객관적인 성찰은 성장을 돕지만, 자기혐오는 결코 도움이 되지 않습니다. 문제는, 자신을 비난하고 학대하던 습관이 하루아침에 바뀌지 않는다는 점입니다. 꾸준히 자기 자신을 귀하게 여기는 훈련이 필요합니다. 누구보다 나 자신에게 무한한 사랑을 주는 연습 말이지요.

첫째로 하루를 마치며 나를 칭찬해 보는 겁니다. "나는 오늘 인사를 참 잘했어.", "오늘 점심을 하나도 남기지 않고 잘 먹었네.", "오늘은 어제보다 핸드폰을 덜 봤어. 너무 잘했어!"처럼 처음엔 억지 같지만, 사소한 것도 좋습니다. 그 칭찬이 쌓이고 쌓이면, 어느새 '자기 신뢰'가 자라고 긍정적인 정서가 형성됩니다. 그렇기에 매일 칭찬을 빠뜨리지 않고 쓰려고 노력하지요.

옛 무사 미야모토 무사시는 말했습니다.

"천 일의 연습을 단(鍛)이라 하고, 만 일의 연습을 련(鍊)이라 한다. 충분히 음미하고 단련해야 한다."

자기 칭찬 역시 꾸준한 연습이 필요합니다. 수없이 지적받고, 부정적인 메시지 속에서 살아온 자신에게 따뜻한 칭찬을 시작해야 합니다. 구정물이 담긴 컵을 맑은 물로 채우려면, 계속해서 맑은 물을 부어야 하듯이요.

둘째, 긍정 정서는 '베풂'에서 옵니다. 아무런 대가 없이 진심으로 나눌 때, 그 자체만으로도 기쁨과 충만함을 느끼게 됩니다. 지하철에서 자리를 양보하거나, 누군가의 떨어진 물건을 주워줄 때, 도움이 되는 존재라는 것을 느끼며 기쁨을 얻습니다. 저 역시 그런 순간들에서 큰 만족감을 느꼈습니다. '나도 쓸모 있는 사람이구나'라는 자존감이 살아나는 순간이었지요.

셋째, 인생은 '선택하는 대로 살아진다'라는 믿음입니다. 내 삶은 내 것이고, 어떤 것을 선택하느냐에 따라 삶의 방향도 달라집니다. 비난을 선택할 수도 있고, 칭찬을 선택할 수도 있습니다. 나를 사랑하고 존중하는 방향을 선택할수록 타인의 시선에서 벗어나고, 내 삶을 주체적으로 이끌 수 있습니다. 스스로 성장을 느끼고, 세상에 기여하고 싶은 마음도 커지죠.

니체는 말했습니다.

"일부러라도 그대 자신을 믿는 것이 좋다."

아직 자신을 믿는 일이 어색할 수 있습니다. 서툴게 느껴질 수도 있겠지요. 하지만 남들에게는 관대하면서도, 정작 자신에게는 박한 경우가 많죠. 자기 자신을 따뜻하게 바라보는 것, 그것이야말로 진정한 호의의 시작 아닐까요?

스스로에게 호의를 베풀지 않는 사람은, 타인에게서도 그만큼의 호의를 주거나 받기 어렵습니다. 내가 나를 믿지 못하는데, 어떻게 세상이 나를 믿어줄 수 있을까요? 자기 신뢰가 없으면 불안감에 휘둘리고, 결국 남들의 눈치를 보며 살아가게 됩니다. 물론, '나만 믿어야 한다'라는 이야기는 아닙니다. 오히려 자신을 믿는 힘이 커질수록, 타인도 더 깊이 신뢰하고 연결될 수 있습니다. 진실한 삶은 '자신을 믿는 것'에서 시작됩니다. 삶의 방향은 결국 우리가 어떤 선택을 하느냐에 따라 바뀔 수 있습니다. 그리고 그 선택은 나에게 달려 있습니다.

부정적인 생각이 들 때, 그 생각이 '나 자신'의 전부가 아님을 알아차리는 것이 중요합니다. 예를 들어 '나는 항상 실수만 해'라는 생각이 올라올 때, 이렇게 다독여 보세요. '그래, 실수할 수 있어. 하지만 그 실수가 내 전부를 말하는 건 아니야. 나는 그 실수를 통해 배우고 성장하고 있어. 도전하지 않았다면 실수도, 성장도 없었을 거야.' 우리는 생각하는 존재지만, 생각 그 자체가 아닙니다. 생각을 바라보고, 알아차리고, 선택하는 존재라는 걸 잊지 마세요. 그렇다면 구체적으로 부정적인 생각을 어떻게 수용하고 극복했는지 알아볼게요.

1. 알아차림 & 긍정 훈련

부정적 사고를 극복하는 데 가장 중요한 것은 알아차림입니다. 앞서 이야기했듯 내가 했던 말과 행동으로 인해 부정적 사고가 올라올 때 그 생각들을 알아차리고 그것이 내 전부를 말하는 것은 아님을 아는 것입니다. 부정적 생각이 올라오면 '그래…. 내가 또 부정적 생각을 했군.' 하고 알아차리면 부정적 생각은 사라지고 다음을 선택할 수 있는 여유를 만들어줘요. 알아차림을 하면 긍정은 따라옵니다. 긍정으로 만들 수 있어요.

'오늘 계획대로 다 하지 못했어… 난 정말 왜 이렇게 못할까.'라는 말이 떠오른다면, '내가 또 이런 생각을 하고 있었군. 그래. 다 하지 못했지. 그래도 포기하지 않고 여기까지 온 것. 참 잘했어.'라고 말해 주세요. 계획을 모두 이수하지 못한 것보다 중요한 건, 중간에 포기하지 않고 노력한 태도입니다. 그걸 알아차리고 인정할 때, 자기 신뢰와 자기 존중을 얻을 수 있어요.

2. 잃어버린 직관 되찾기 - 몸 소중히 하기

타인에게 의존하며 살다 보니 직관이 흐려졌어요. 직관은 내면 깊은 곳에서 울리는 신호인데, 그 신호를 무시하고 친구 따라 학교를 정하고, 돈을 벌기 위해 취업하고, 아내와 엄마의 역할에만 몰두하며 살았습니다. 내가 빠진 삶이었죠. 되돌아보면, 지금 당장 해야 할 일에만 매달려 정작 내가 진짜 하고 싶은 게 무엇인지 진지하게 고민해 본 적이 없습니다. 사회적 역할에 갇혀 타인의 시선을 따라 살면서, 직관은 점점 더 흐려졌습니다.

하지만 이제는 그 희미해진 직관을 다시 또렷하게 그려보려 합니다. 감정을 알아차리고, 새로운 선택을 할 수 있는 존재임을 기억하면서요. 직관은 몸을 소중히 다룰 때 살아납니다. 운동, 식사, 수면처럼 일상적인 루틴에 정성을 기울이며 몸의 소리에 귀 기울이면 몸은 기억합니다. 나는 정말로 소중하고 가치 있는 존재란 걸요. 그것은 어떤 상황에서도 나를 먼저 돌볼 수 있게 하는 직관을 만들고 나를 위한 새로운 선택을 할 수 있게 합니다. 마음은 점차 평화를 되찾고, 자유롭고 진실한 삶을 살 수 있게 합니다. 직관을 뚜렷하게 하는 방법은 다음 장에서 좀 더 자세히 다루겠습니다.

3. 당신을 믿어 주는 단 한 사람: 나를 믿지 못했던 나

"자신을 믿어라."라는 말, 참 많이 들어봤습니다. 그 말은 제게 너무 낯설고 무거운 말이었습니다. 저는 마치 얇은 나뭇가지 같았어요. 작은 충격에도 쉽게 부러질 만큼, 연약하고 자신을 믿지 못하는 사람이었지요. 그런 저에게 한 사람의 조건 없는 믿음과 사랑이 찾아왔습니다. 앞에 말씀드린 『힐링리포트: 채소과일식의 반란』의 저자, 추소영 작가님입니다. 작가님은 부정적인 피드백을 하지 않았습니다. 블로그에 글을 올리면 "정말 글을 잘 썼다"라고, 발표하면 "말을 참 잘한다"라고, 나 스스로에게 못한 칭찬을 아주 크고 선명하게 들려주었습니다. 지금 생각해도, 어떻게 그렇게까지 저를 믿어 주셨을까 싶은 정도로요.

카우아이섬 연구가 있습니다. 카우아이섬은 아주 열악한 환경의 섬이었어요. 그곳의 아주 좋지 않은 환경에서 자란 아이들은, 대부분은 비행 청소년이 되었지만 단 한 사람이라도 자신을 믿어주는 어른이 있는 경우, 건강하게 성장할 수 있었다는 애미워너의 회복탄력성 연구입니다. 저는 비행 청소년은 아니었지만, 깊은 자기혐오와 눈치 보기의 삶에 갇혀 살았습니다. 그 어둠 속에서 꺼내 준 사람, 저를 믿어준 단 한 사람이 바로 추 작가님이었습니다. 그 믿음 덕분에 처음으로 용기를 냈고, 하고 싶은 일들을 실천할 수 있었습니다. 칭찬과 지지의 힘, 그리고 조건 없는 믿음이 저를 살린 것입니다.

여러분도 반드시 인생 멘토를 찾고 만났으면 합니다. 하지만 사실 주변에서 적극적으로 다가오는 분을 만나기란 어려울 것입니다. 그렇지만 주변을 둘러보고, 자신이 직접 적극적으로 찾아 나선다면 본인과 맞는 멘토가 분명 나타나리라 생각합니다. 자기 삶을 사랑하며 살아가는 사람을 눈여겨보세요. 그 사람의 태도, 말투, 선택을 지켜보세요. 그런 분과 자주 교류한다면 자연스럽게 자기 삶을 존중하는 법을 배울 수 있습니다. 그리고 어느 순간, 멘토를 찾게 될 거예요. 또한 당신도 누군가에게 그런 멘토가 되어 있을지도 모릅니다. 도움을 주고 싶고, 응원하고 싶은 마음이 자연스럽게 스며들 테니까요.

4. 기록과 자기 신뢰: 진짜 변화의 시작

자기 긍정의 힘은 삶의 모든 영역을 바꿉니다. 스스로를 믿고, 타인에게 베풀고, 멘토를 만나고, 그 모든 과정을 기록해 보세요. 기록으로서 내 삶의 긍정이 다시 한번 복귀되고 점점 긍정이 쌓여갑니다. 점차 괜찮은 나를 만나게 됩니다. 그 괜찮은 나는 감정과 생각을 표현할 힘을 가지고, 스스로를 책임지는 자유로운 존재로 살아갈 수 있어요.

당신은 이미 충분히 괜찮은 사람입니다.
이제 그 사실을 믿고 실천할 시간입니다.

4

모든 경험이 쌓여 단단한 나를 만든다

경험이 곧 재산이다

그동안 깊고 어두운 구덩이 안에 자신을 가둔 채 살았습니다. 남이 가져다주는 생각과 말 행동으로 연명하며, 스스로의 생각과 말, 행동으로는 밖으로 한 발짝도 나오지 못한 채, 오히려 더 깊은 곳으로 숨어들곤 했지요. '나를 드러내면 안 된다'라는 생각이 마음 깊이 박혀 있었습니다. 혹시나 나의 못난 모습이 들킬까, 그로 인해 남들에게 버려질까 두려워 숨고 또 숨었습니다.

삶은 무의미하게 흘렀고 매일 수동적으로 살아가는 날들이었습니다. 무엇을 좋아하는지도, 무엇을 할 수 있는지도 모른 채, 남의 의견에 기대어 존재를 이어갔습니다. 그 시간은 제게 죽어 있는 시간이었습니다. 마음은 늘 말하고 싶었습니다. 누군가와 나의 감정을 나누고 싶었어요. 하지만 쉽지 않았습니다. 2년 전 독서 모임에서도 제 이야기를 꺼내기까지 수많은 망설임이 있었습니다. '이런 이야기를 하면 사람들이 이상하게 생각하지 않을까?', '나를 유난스럽다고 보지는 않을까?'란 생각들이 머릿속을 꽉 채웠어요. 하지만 어느 날, 정말 용기를 내어 한마디를 꺼냈고, 그 말에 돌아온 대답은 놀랍게도 따뜻한 공감이었습니다.

"그 마음, 정말 많이 힘드셨겠어요. 속상하셨던 거 충분히 이해합니다."

그 한 문장이 내 안에 오랫동안 박혀 있던 불안을 조용히 녹이기 시작했습니다. 그때 처음 알았어요. 이야기를 꺼낸다는 건 누군가에게 내 마음을 보여 주는 것이고, 그로 인해 상처가 아니라 위로받고 연결할 수 있다는 것을요.

이제는 구덩이 안에서 빠져나와, 그 옆에 서서 그 안을 들여다볼 수 있게 되었습니다. 그리고 그 속에 있던 나에게 말해 줍니다. '참 많이 힘들었구나.' 구덩이 안에 있었을 때 어떤 날은 그 구덩이를 직접 더 깊게 파기도 했습니다. 또 어떤 날은, 필사적으로 밖으로 나오려 발버둥을 치기도 했지요. 혼자 힘으로는 벗어나기 어려웠습니다, 그러나 제 주위 사람들이 내려 준 생명의 밧줄 덕분에 조금씩 밖으로 나올 수 있었습니다. 그 생명의 밧줄은 바로 공감과 위로였습니다. 그렇게 위로받는 저는 저를 더욱 깊이 연민하며 이해하게 되었지요.

"정말 힘들게 살아왔구나."

"실패하면 남들이 비웃을까 두려웠구나…."

"남들 시선에 그렇게나 갇혀 살아왔구나… 참으로 애썼다."

그 시절의 저를 떠올리면, 너무도 가엽고 슬퍼집니다. 그저 안아주고 싶고, 괜찮다고 말해 주고 싶습니다. 그렇게 자신을 연민으로 바라보며 불쌍히 여기는 마음과 함께 아파했을 때, 놀랍게도 마음은 더 단단해졌습니다. 왜 그렇게 살았냐며 꾸짖는 것이 아니라, 연민하니 다시 일어설 힘이 생겼습니다. 이 감정은 나를 다시 일으켜 세워 주는 경험이었어요.

돌이켜 보면, 왜 그렇게 살았는지 스스로 따져 묻고 싶을 때도 있어요. 하지만 그 시간을 후회하지 않습니다. 그 시간 덕분에 지금의 세심하고 단단한 내가 만들어졌기 때문입니다. 부정적인 생각이 올라올 때면, 그 감정을 알아채고 있는 그대로 바라봅니다. 그런 나를 인정하면서, 하지만 그런 내가, 나 전체는 아니기에 이해하고 공감합니다. 어느새 나는 조금 더 단단한 사람이 되어 있음을 느낍니다. 이제는 마음을 표현하면 거부당할 것 같은 두려움은 지우고 가족, 친구, 함께 공부하는 사람들에게 감사 표현을 자주 합니다.

"오늘도 함께해서 고마워요.", "당신의 한마디 덕분에 마음이 따뜻해졌어요." 처음엔 이 간단한 인사조차 큰 도전이었습니다. 하지만 용기 내어 따뜻한 말을 전하자, 더 적극적이고 따뜻한 사람으로 변해갔습니다. 또한 상대가 반응하지 않아도 상처받지 않았습니다.

자신이 걸어온 모든 시간은 결코 헛되지 않습니다. 그 구덩이 속에서 보낸 시간도, 말 한마디 꺼내기 힘들었던 순간도, 나를 더 깊이 이해하게 만든 소중한 경험이었습니다. 그 모든 경험이 모여, 지금의 단단한 나를 만들게 되었지요.

저는 소망이 하나 있습니다. 현재 뉴욕 맨해튼에 살며 구독자 100만이 된 운동 유튜버 〈빅씨스〉의 집에 놀러 가는 것입니다. 그녀의 유튜브는 신나는 음악이 흐르고 체계적인 운동 프로그램과 창밖으로는 맨해튼의 뷰가 탁 트이게 펼쳐져 있습니다. 최근엔 허드슨강이 내려다보이는 집으로 이사해 더 멋진 풍경 속에서 운동하는 모습을 보여 주고 있지요. 하지만 제가 감명받은 건 그런 겉모습이 아니라, 그녀가 걸어온 삶의 이야기였습니다.

그녀는 부산에서 태어나 미술을 하고 싶다는 꿈을 꿨지만, 집에서는 반대가 심했습니다. 스스로 용돈을 모아 석고상을 사고, 이젤을 들고 예술고등학교 입시 준비를 시작했죠. 결국 예고에 입학했고, 이화여대를 입학해 개강 전에 강사를 하며 생계를 꾸려 나갔습니다. 졸업 후엔 원하는 직장에 취업해 안정된 삶을 시작했지만, 그녀는 그 자리에 머물지 않았습니다. 남편과 함께 '다시 시작'을 선택하며 미국행 비행기에 올랐어요.

미국에서 디자이너로 일하며 다시 자리를 잡던 중, 임신 후 경단녀가 됩니다. 많은 사람이 멈췄을 그 지점에서, 그녀는 오히려 또 다른 길을 모색했습니다. 평소 관심 있던 인테리어 디자인을 공부하며, 무려 100

채가 넘는 집을 발품 팔아 직접 보러 다녔고, 결국 자신만의 집을 짓는 데 성공합니다. 그 집은 여러 잡지에 소개되고, 2배 이상의 가격으로 팔리며 수익도 얻었습니다. 이후에도 집을 짓고 리모델링하며 수익을 창출했고, 뉴욕 한복판에서 자신만의 삶의 방식으로 빛나는 길을 개척해 갔습니다.

그녀의 삶은 정말 대단했습니다. 부모님의 반대와 경제적 어려움 속에서도 하고 싶은 일을 포기하지 않았던 용기, 한국에서의 안정된 성공을 내려놓고 전혀 다른 세계에서 다시 시작한 결단력.

그녀는 말합니다.

"경험이 곧 재산이다."

그 말은 단순한 조언이 아니었습니다. 그녀가 스스로의 선택을 책임지며 살아온 모든 도전의 시간, 불안정한 미래 속에서도 온몸으로 부딪치며 배운 삶의 철학이었죠. 처음 미국에서 살던 집은 바퀴벌레가 나오는 작은 집이었습니다. 한국에서 잘나가는 디자이너로 살던 그녀에게 그것은 결코 쉬운 전환이 아니었을 겁니다. 하지만 그녀는 지금의 멋진 삶을 누릴 수 있는 토대를 바로 그 시절의 경험 속에서 찾았습니다. 그녀는 남 탓도 하지 않았고, 어떤 환경 속에서도 도전하는 선택을 멈추지 않았습니다. 그렇게 삶을 개척해 갔기에, 고난도 결국 그녀를 빛나게 한 경험이 된 것이죠. 그녀의 이야기는 저에게 묵직한 질문을 던졌습니다.

'나는 지금 어떤 경험을 만들고 있는가?'
'나는 삶을 선택하고 있는가, 견디고 있는가?'

그녀는 단순히 성공한 사람이 아닙니다. 삶을 선택해 온 사람입니다. 그 선택이 모여, 지금의 찬란한 빅씨스를 만든 것이겠죠. 그리고 저 역시 깨달았습니다. 도전과 경험은 삶을 단단하게 만드는 재산이라는 것을요.

온 마음을 다해 사는 삶

어려움을 회피하지 않고 직면할 때, 그 모든 경험은 결국 단단한 나를 만들어 줍니다. 우리는 완벽해지길 바라지만, 모든 일에서 완벽할 수는 없습니다. 누구나 실수하고, 누구나 실패합니다. 그러나 그런 실수와 실패는 오직 도전하는 사람만이 얻을 수 있는 귀한 경험입니다. 그러니 부딪혀보는 겁니다. 중요한 것은 어떤 선택이든 스스로 선택하고 결정하는 것입니다. 남이 결정해 주는 삶은 이제 그만. 삶은 그 누구의 것도 아닌, 나 자신의 것이기 때문입니다.

'남들이 나를 어떻게 생각할까?'를 고민하는 순간, 진짜 내 삶은 멀어집니다. 남의 평가에 흔들리기보다, 내가 하고 싶은 일을 대담하게 해 보는 겁니다. 그렇게 살아갈 때, 세상과 진심으로 연결되고, 온 마음을 다해 사는 기쁨을 느낄 수 있습니다. 그 기쁨은 오직 내가 선택하고, 실행하고, 경험할 때 주어집니다. 그 과정에서 나의 있는 그대로를 보여주고, 부족한 부분은 있는 그대로 받아들이는 연습이 필요합니다. 삶은 언제나 좋은 모습만 보여 줄 수 없어요. 어려움과 마주하며 나의 민낯을 알아가고, 부족한 면을 보완해 나가야 합니다. 혹여 결과물이 좋지 않더라도 괜찮습니다. 그 결과가 곧 나 자신은 아니니까요. 그 과정 자체가 이미 의미 있고 가치 있는 일입니다.

아이가 처음 걸음을 시도할 때 수없이 넘어집니다. 하지만 아이는 넘어져도 의기소침하지 않고, 또 넘어질까 미리 걱정하지도 않습니다. 그리고 부모는 그런 아이를 보며 실망하지 않죠. 오히려 그 과정을 통해 아이가 성장하고 있음을 기뻐합니다. 걸음마의 성공보다, 시도하고 배우는 그 자체가 의미 있는 일이기 때문입니다.

나의 가치는 내가 무엇을 해냈느냐로 결정되지 않습니다. 내가 살아 있어 움직이고 세상을 보고 듣고 느끼는 것은 물론, 이 세상에 존재하는 것 자체로 이미 소중한 나입니다. 내가 이 세상에 태어났다는 것, 지금, 이 순간 존재한다는 것만으로도 충분한 가치가 있습니다. 직접 실행하고 경험하는 그 모든 과정에는 아직 발현되지 않은 잠재력이 숨어 있어요. 그러니 단지 눈앞의 결과로 나를 판단하지 않습니다.

독서 모임을 진행할 때 마음속에 항상 이런 불안이 떠올랐어요. '내가 잘하고 있는 걸까?' 줌으로 사람들이 조금만 늦게 접속해도 '역시 이 모임은 별로 인가보다.' 하는 생각이 들었죠. 신경 쓰지 않는 척하며 인사하고 있으면, 어느새 사람들이 하나둘 들어와 계셨죠. 이런 경험을 여러 번 반복하다 보니 불안은 조금씩 나아졌습니다.

어느 날은 A 참여자분이 남편과 책 읽기를 함께 나누는 일이 어렵다고 하셨습니다. 남편이 A 분의 말을 지적으로 들었다며 대화가 잘 풀리지 않는다고 하셨어요. 우리는 함께 남편의 인정욕구와 감정을 추측하며 이야기를 나누었습니다. 그 추측이 정확한지는 중요하지 않았습니다. 우리는 다만 A 님의 이야기에 진심으로 귀 기울였고, 공감하며 도움이 되기를 바랐습니다.

모임이 늘 기대만큼 성과를 내는 것은 아니었습니다. 하지만 그 속에서 나눈 대화와 경험은 많은 배움과 연결감을 안겨 주었습니다. 이 모임은 누가 더 많이 아는지를 뽐내는 자리가 아니라, 감정을 솔직하게 나누고, 서로를 알아주며 공감하는 시간이었어요. 어느 참가자분은 이렇게 말씀하셨습니다. "그냥 내 이야기만 했을 뿐인데, 누군가 들어주는 것만으로 마음이 가벼워졌어요." 그 이야기를 들었을 때, 이 시간이 정말 의미 있다는 것을 느꼈습니다. 때로는 확실한 해결책이 나오기도 했고, 어떤 날은 아무 성과 없이 끝나기도 했습니다. 하지만 그런 날에도 제 마음은 충만함이 가득했습니다. 완성된 무언가 때문이 아니라, 함께 나눈 시간, 그 자체가 이미 충분히 가치 있었기 때문입니다.

모임을 준비하고, 그 시간을 함께 만든 모든 분…. 우리 모두의 마음 속에는 공통된 진심이 있었습니다. '이 시간을 진지하게 만들고, 누군가에게 도움이 되기를 바라는 마음.' 그 마음이 바로 저에게 충만함으로 다가왔습니다.

온 마음을 다해 산다는 것은, 세상에 내 부족함을 드러내고도 당당히 살아가는 것입니다. 자신의 선택을 믿고, 대담하게 실행하는 것. 그렇게 경험을 쌓아갈 때 우리는 점점 나의 가치를 알아가고, 세상과 함께 살아가는 진정한 기쁨을 누릴 수 있게 됩니다.

"네가 할 수 있는 가장 용감하고 중요한 일이 그냥 경기장에 나가는 것일 때도 있단다."

- 브레네 브라운, 『마음 가면』

살아 있는 시간으로의 초대

유튜버 빅씨스의 경험을 들으며 자신을 돌아보았습니다. 여태껏 우물 안 개구리처럼 살아왔다는 사실을 부정할 수 없었습니다. 과거의 남들이 만들어 놓은 길을 따라가며, 오직 성공만을 바라보고 그들과 같이 되지 않으면 큰일이 날것처럼 도전조차 하지 않았어요. 새로운 일들은 실패가 정해진 것이고 나의 상상 속에는 온갖 부정적인 생각들로 가득 차 두려움에 시도조차 할 수 없었던 것이죠. 하지만 이제는 알게 되었습니다.

그것은 내 상상 속 꾸며 낸 이야기라는 것,

지금이라도 내 본질을 알아차리면 변화한다는 것,

새로운 선택이 가능하고 내게 그럴 자유가 있다는 것,

과거는 더 이상 저를 붙잡지 못한다는 것 말입니다.

이제부터 도전하고, 나만의 경험을 쌓으며 살아 있는 시간을 만들어 가기로 결심했습니다. 남들에게 휘둘렸던 시간을 마주하고 인식했습니다. 그 경험들은 저의 마음에 자양분이 되어 단단하게 만들었어요. 때론 불안감이 몰려와 스스로를 깎아내리려 할 때, 그 부정적인 생각을 알아차리고 심호흡합니다. 그런 생각들은 내가 나에게 하는 상상 속 이야기일 뿐입니다. 혹시 정말 무엇을 잘못 했더라도 그것 하나가 내 전부를 말해 주는 것은 아니라는 사실을 반복해서 들려주죠. 심호흡은 부정적 내용으로 꽉 찼던 생각을 호흡으로 돌리며 더 이상 자신을 고통스럽게 하지 않았습니다.

무엇을 할 수 있을지는, 해 보기 전엔 아무도 모릅니다. 실수와 실패를 두려워하며 하지 못했던 일들, 지금부터라도 해 보는 겁니다. 그래야 내가 무엇에 흥미가 있고, 무엇을 하고 싶은지 알게 되니까요. 그 과정에서의 실패와 실수는 너무나도 당연합니다.

얼마 전, 『힐링리포트: 채소과일식의 반란』 북토크를 자원해 기획했습니다. 처음엔 20명 규모의 소규모 공간을 예약하며, '과연 이 인원이 다 찰까?' 하는 걱정이 앞섰습니다. 작가님께는 호기롭게 "많은 분과 함께 할 거예요!"라 말했지만, 마음 한쪽에는 불안이 있었죠. 그런데 책의 내용을 다시 곱씹다 보니, '이 내용은 정말 많은 사람에게 알려져야 해.'라는 확신이 들었습니다. 그래서 장소를 40명 수용할 수 있는 곳으로 과감하게 바꾸었어요. 그 후로는 걱정보다 북토크의 본질에 집중했습니다. 건강한 삶에 대한, 이 귀한 정보를 더 많은 이들에게 전하고 싶다는 열망이 생기자, 아이디어가 샘솟듯 떠올랐고, 실행력도 높아졌습니다.

모든 공공게시판을 활용했고, 지인들에게도 적극적으로 북토크를 권유했습니다. 그 과정에서 모르는 분들과도 대화를 나누고, 또 다른 아이디어들을 얻으며 북토크 준비는 더욱 재미있어졌습니다.

드디어 북토크 당일.

막상 당일이 되니 버거움을 느꼈고, 함께 공부해 온 분들께 도움을 요청했습니다. 책상과 의자를 나르고, 테이블을 꾸미고, PPT를 확인하는 일까지. 그분들의 도움이 없었다면 제시간에 북토크를 시작하지 못했을 거예요. 추 작가님의 강연, 실천자의 사례 발표, Q&A 시간, 그리고 경품 추첨까지. 북토크는 뜨거운 호응 속에서 마무리되었고, 40석 중 36분이 참석해 주셨습니다. 행사가 끝난 뒤, 무엇보다도 마음이 꽉 찬 느낌, 뿌듯함이 밀려왔습니다. 이는 결코 혼자 한 일이 아니었습니다. 모두의 협력과 진심이 없었다면 하지 못했을 일이었습니다.

이것을 개최하면서 모집과 기획이 정말 흥미로운 일이란 걸 알았습니다. 무엇보다, 건강을 전파하겠다는 북토크의 본질을 생각하는 것이 가장 중요한 마음가짐이라는 것을 알았어요. 어떤 일이든 본질을 생각하며 해야 한다는 깨달음도 주었죠. 그 본질이 제게 확신을 줬고, 믿음은 더 적극적이고 용기 있는 사람으로 만들었습니다. 세상에 나를 던져보고 부딪쳐보는 것. 그 안에서 내가 진짜 좋아하는 것, 흥미를 느끼는 것이 무엇인지 찾아가는 것. 이것이 바로 살아 있는 시간 아닐까요?

작은 일이든 큰일이든 상관없습니다. 중요한 건 내가 선택한 일이고, 그것을 실제로 실천하고 있다는 점이에요. 삶은 도전의 연속입니다. 그 도전 속에서 우리는 자기 민낯을 마주하게 되고, 그 속에서 살아 있음을 느낄 수 있습니다. 성과물이 부족해도 괜찮습니다. 중요한 건, 내가 시도했다는 사실. 그리고 그 과정에서 얻은 경험이 결국 나를 단단하게 만든다는 것입니다. 실패와 두려움 속에서도 내가 시도했다는 것, 그 자체가 살아 있는 시간의 증거입니다.

"모름지기 노력을 하게 되면 실수를 하고 한계를 드러내기 마련입니다. 하지만 경기장의 투사는 자신의 노력으로 경기를 치릅니다. 그는 위대한 열정과 헌신을 알고, 가치 있는 목표를 향해 나아갑니다. 잘 될 경우 큰 성취감을 맛보고, 최악의 경우에도 용기 있는 실패를 합니다."

- 시어도어 루스벨트

4장

나를 만드는
매일의 선택

: 나를 온전히 존중하는 순간

"좋은 사람, 잘하는 사람이 되고 싶은 집착을 버리고 그냥 뭐든 작은 것이라도 시작한다면 그 작은 시도가 나를 자유롭게 할 것입니다."

1

새로운 선택이 열어 주는 길

늘 남들에게 지적만 받을 것 같은 두려움 속에 살았습니다. 책임이 두려워 선택을 미뤘고, 이유를 대며 원하는 삶을 살지 못했죠. 만약 지금도 계속 회피했다면, 영영 자유롭지 못한 삶을 살고 있었을지도 모릅니다. 자신의 인생을 스스로 선택하지 못한 대가는 혹독합니다. 남들의 시선에 벗어나지 않으려 스스로를 구속하고, 의사 표현을 하지 못한 자신을 자책하는 일상이 반복되었겠지요. 익숙한 길을 가는 것은 빠르고 편안합니다. 하지만 그 길에는 반드시 대가가 따릅니다. 내 삶을 선택할 기회를 언제까지 남에게 넘길 수는 없지 않을까요?

평소의 생각과 습관을 그대로 따르면 변화는 어렵습니다. '이번만 그냥 이렇게 넘어가자.' 하고 스스로와 타협하는 순간, 예전과 같은 길을 가게 됩니다. 자신의 인생을 저 멀리 구석에 밀어두고 외면하는 것이지요. 하지만 그 누구도 구석에 놓인 인생을 꺼내주지 않습니다. 오직 나만이 내 인생을 다시 제자리로 꺼내 놓고, 온전히 살아갈 수 있게 합니다. 남들이 정해 준 길에서 좋은 것만 골라 누릴 순 없습니다. 편안함 뒤에는 언제나 구속이라는 자물쇠가 따라오기 마련입니다. 결국 우리는 스스로 부딪치고 감당하며 살아가야 합니다. 스스로 선택하는 삶은 불안합니다. 실패하면, 그 책임도 온전히 내 몫이니까요. 지금까지는 타인이 선택한 길에서 실패하면 남을 탓할 수 있었지만, 이제는 오롯이 내가 감당해야 합니다. 혼자 감당하는 건 정말 힘든 일이죠.

 그런데 말이죠, '실패의 두려움'을 정말 깊이 들여다본 적 있나요? 물론 책임지는 것도 두렵지만 더 자세히 들여다보면 다른 사람들의 비난 때문일 겁니다. 사람들이 '너 그럴 줄 알았어.', '너는 실패자야. 네가 하는 게 그렇지.' 하고 저에게 손가락질하는 것이 더 두렵더라고요. 하지만 여러분은 다른 사람이 실패하면 쉽게 '네가 그렇지! 너는 실패자야!'라고 말씀하시나요? 아닙니다. 오히려 위로하죠. '그럴 수 있어. 다음에 잘 준비하면 이번보다 더 잘할 수 있을 거야' 하며 힘을 줘요. 남들에게는 관대하면서 정작 자신에게는 엄격하게 대하는 것이죠.

 완벽하게 준비해야 시작할 수 있다고 생각했습니다. 충분한 지식이 있어야 하고, 확신이 있어야만 할 수 있다고 믿었죠. 그래야 사람들에게 비난받지 않을 거로 생각했어요. 그러나 그런 비난의 말들은 상상 속 이야기이며 상상한 인물 모두 누군지도 모릅니다. 그런 착각 속에 살면서 하고 싶은 일이 있어도 도전하지 못했고, 그냥 포기하는 일이 많았습니다. 점점 더 아무것도 못 하는 사람이 되어갔어요. 심지어 하고 싶은 일을 해도 남들이 나중에 결과를 물어볼까 봐 몰래 행동하고, 안 한 척 숨기기도 했습니다. 물건 하나를 고를 때조차도, 남들이 더 싸고 좋은 걸 샀을까 봐 혼자 결정하지 못했고요. 눈에 보이는 성과가 없을까 봐 자기계발하더라도 하지 않은 척 숨기곤 했습니다. '완벽해야 한다'라는 생각은 저를 완전히 구속하고 있었습니다.

『히든 포텐셜』에 나오는 세계적인 건축가 안도 다다오의 이야기입니다. 그는 건축 분야에서 가장 권위 있는 네 개의 상을 모두 받은 유일한 인물입니다. 그런 그가 탁월한 공간 활용 능력을 갖추게 된 이유는, 놀랍게도 철저히 완벽주의를 거부했기 때문이었습니다.

한 연구에 따르면 완벽주의자들이 흔히 저지르는 실수는 세 가지입니다.

첫째, 중요하지 않은 세부 사항에 집착해 정작 해결해야 할 본질적인 문제를 놓칩니다.
둘째, 실패로 이어질까 봐 익숙하지 않은 상황이나 어려운 과제를 회피합니다.

셋째, 실수하면 자신을 과하게 비난하고 자책합니다.

그 결과, 실수로부터 배우기조차 어렵게 되는 것이죠. 실수는 우리에게 미래의 가르침을 주기 위한 것인데도 말이에요.

수많은 자기계발서가 말하듯, 완벽이란 없습니다. 『히든 포텐셜』에서는 완벽을 '신기루'에 비유했습니다. 불완전함이야말로 성장의 원동력이며, 오히려 그것이 더 아름답다고 말합니다. 완벽한 모습은 누가, 언제, 어디서 보느냐에 따라 달라집니다. 모두를 만족시키려는 건 애초에 불가능한 일입니다. 그 이상을 추구하느라 새로운 선택과 도전을 멈출 수는 없습니다. 오히려 새로운 도전을 하다 보면, 그 과정에서 더 반짝이는 아이디어가 샘솟습니다. 우리는 진짜 나다움을 발견하고, 자유로워질 수 있습니다. 새로운 선택이 불안하고 두려울지라도, 그 선택이 결국 더 큰 성장과 발전을 만들어 낸다는 건 분명합니다.

처음엔 정말 두려울 수 있습니다. 그래도 괜찮습니다. 작은 일부터, 나의 의지로 선택하고 실행해 보는 거예요. 그렇게 쌓인 선택들이 결국 내 삶을 내가 원하는 방향으로 이끌어줍니다. 그리고 그 변화를 인지하는 순간, 우리는 점점 더 주도적인 삶을 살 수 있습니다. 불완전함을 인정하고 오늘의 선택을 내 힘으로 이뤄 나갈 때, 진짜 나의 인생을 살 수 있습니다.

새로운 선택의 의미

새로운 선택이란, 그동안 나를 힘들게 했던 존재가 결국 나 자신이었음을 인정하고, 더 이상 나를 괴롭히지 않겠다고 선언하는 일입니다. 그저 행동 하나를 바꾸는 것이 아니라, 나 자신의 존재 방식을 바꾸는 일이기에 엄청난 용기가 필요한 일이죠. 직감적으로 떠오르는 감정을 억누르지 않고 그대로 표현하며 세상 앞에 나를 드러내는 것, 그것이 바로 새로운 선택입니다. 그동안 하고 싶은 말이 있어도 '상대가 뭐라고 할까?' 하는 걱정에 쉽게 말하지 못했습니다. 이제는 감정에 충실하기로 마음먹고, 조심스럽게 솔직한 표현을 시작해 보았습니다.

친구와 여행 경비를 모으고 있었습니다. 여행 경비가 어느 정도 모이고 친구는 여행을 가자고 했죠. 저는 흔쾌히 그러자고 했지만 마음이 무거웠습니다. 솔직히 그땐 도저히 여행을 떠날 마음의 여유가 없었거든요. 망설이다가, 결국 친구에게 솔직하게 말했습니다.
"지금은 내가 좀 여유롭지 않아. 미안하지만 이번엔 조금 미루고 싶어."
친구는 제 마음을 편안하게 받아 주었습니다.
"그럼 나중에, 네가 괜찮아지면 가자."

그 말을 하고 나서, 참 뿌듯했습니다. 친구가 혹시나 서운해하지 않을까 걱정도 했지만, 무엇보다 제 감정을 존중하고 표현한 자신이 자랑스러웠습니다. 진짜 친구란, 나의 진심을 이해해 주는 사람이고 진짜 관계란, 진심으로 이어진단 걸 알았습니다.

이후로 삶은 조금씩 달라지기 시작했습니다. 더 이상 남에게 핑계를 대지 않고, 내 마음을 솔직하게 표현하는 것이 진실한 관계를 맺는 출발점이라는 것을 알았습니다. 그렇게 제 가치관이 바뀌기 시작했고, 제 행동은 점점 더 과감해졌습니다. 지금도 거짓이 아닌 진실로, 상대를 대하는 법을 배워가고 있지요.

현재 블로그와 오픈 카톡을 운영하며 사람들을 진심으로 대하고, 그들이 잘되기를 바라는 마음으로 제 진심을 표현하고 있습니다. 예전에는 SNS 채널을 운영하는 사람들을 보며 '대단하다', '나 같은 사람은 절대 못 해'라며 움츠러들었지만, 두려움이 점점 사라지면서 작은 시도를 해 볼 수 있었습니다. 처음엔 단순히 나를 위한 글쓰기였지만, 지금은 누군가에게 도움이 될 수 있다는 마음으로 글을 씁니다. 오픈 카톡도 마찬가지입니다. 누군가에게 작은 위로가 되기를 바라는 마음으로 말 한마디를 건넸고, 그 과정이 저를 성장시켰습니다.

아직은 부족한 점이 많지만, 완벽은 없다는 믿음으로 계속해서 시도하고 도전 중입니다. 새로운 선택들이, 제 삶을 완전히 바꾸어 놓고 있어요. 하루하루가 더 재미있고, 활기차고, 기대됩니다. 예전엔 '남들이 나를 어떻게 볼까?'만을 고민했다면, 지금은 '어떻게 하면 나와 타인의 성장에 도움이 될까?'를 고민합니다. 새로운 선택이란, 결국 내 삶을 스스로 창조해 나가는 과정입니다. 그리고 지금도 그 길 위에서 계속 자라고 있습니다.

세계적인 건축가 안도 다다오는 말합니다.
"다른 사람들이 내 작품을 어떻게 생각하는지는 나를 움직이는 원동력이 아니다. 나 자신을 만족시키고 싶은 욕구, 나 자신에게 도전하고 싶은 욕구가 나를 움직이는 진짜 원동력이다."
그의 유명한 작품 중 하나는 '풋사과'입니다. 그는 말했죠.
"인생은 풋풋한 게 낫다. 풋풋할수록 좋다."
그 말이 참 좋았습니다. 풋풋하다는 건 아직 자라고 있다는 뜻이고, 새로운 선택을 하고 있다는 증거이기도 하니까요. 성장하고 싶은 욕구, 나를 더 진실하게 표현하고 싶은 욕구, 그리고 그 과정에서 멈추지 않고 계속 나아가고 싶은 마음. 그 모든 것이 새로운 선택을 가능하게 합니다. 그리고 그것이, 끝나지 않는 아름다움을 창조해 나가는 길입니다.

새로운 선택은 곧 미지의 세계로 나가는 것입니다. 상대가 어떻게 반응할지 모르는 상황에서 내 감정을 표현하는 건 정말 두렵고 불안하지요. 하지만 막상 실행하고 나면 그 두려움은 생각보다 별것 아니었음을 알 수 있습니다. 그리고 그 순간, 두려움에서 해방됩니다. 또한 두려움을 파헤쳐 보면 상대에게 좋은 사람, 뭐든 잘하는 사람으로 보이고 싶은 집착에서 왔다는 걸 알 수 있습니다.

오랫동안 망설였던 일들이 하나둘 직접 실행하면 불안했던 감정은 서서히 옅어지고 '나도 변할 수 있구나' 하는 신념이 자리 잡습니다. 그럴 때 느끼는 내면의 자유. 그 자유가 가져다주는 기쁨은 말로 다 표현할 수 없어요. 좋은 사람, 잘하는 사람이 되고 싶은 집착을 버리고 그냥 뭐든 작은 것이라도 시작한다면 그 작은 시도가 나를 자유롭게 할 것입니다.

남편에게 잘 보이고 싶은 집착이 있었습니다. 남편의 신경에 거슬리지 않도록 행동하려고 애썼죠. 주말에 나가는 걸 불편해하는 남편에게 주말에 약속이 생기면 기분 좋을 때를 눈치 봐가며 말하곤 했죠. 그런데 잘 보이고 싶은 집착을 내려놓으니 예전보다는 편하게 말할 수 있게 되더라고요. 이건 단순히 편하게 말할 수 있는 느낌이 아니라, 삶을 내가 선택하고 있다는 감각, 내가 나에 대한 존중감을 다시 발견하는 시작이었습니다.

새로운 선택은 단지 다른 행동을 의미하지 않습니다. 그건 곧 내 삶의 방향을 다시 내가 쥐는 일, 내가 나를 해방하는 선언입니다. 그리고 그 모든 시작에는 집착을 버리는 것, 작지만 뭐든 시도하는 용기 있는 선택이 항상 함께하고 있었습니다.

시도하는 것, 그것이 곧 성공이다

무엇이든 쉽게 시도하는 사람이 있는가 하면, 반대로 고민만 하다가 결국 아무것도 하지 못한 채 멈춰 서는 사람도 있습니다. 그렇다면, 성공이란 무엇일까요? 꼭 눈에 보이는 결과가 있어야만 성공일까요?

저는 시도하는 것 자체가 이미 성공이라고 믿습니다. 온갖 부정적인 생각을 이겨내고, 머릿속에서만 맴돌던 생각을 실제 행동으로 옮겼다는 것, 그 자체가 엄청난 변화이며, 그것만으로도 충분히 성공이기 때문입니다. 매일매일 살아가며, 어제보다 더 나은 나를 선택하는 것. 그것이 바로 성장이고, 곧 진짜 성공이라고 믿습니다. 결과물이 없다고 실망할 수도 있어요. 하지만 경험이 주는 깨달음이 그 어떤 성과보다 훨씬 더 값지다는 걸 배웠습니다. 새로운 경험은 곧 재산입니다. 그 과정에서 떠오르는 아이디어, 직접 해 보는 즐거움, 그리고 얻어지는 결과물(좋든 좋지 않든) 모두가 다음 걸음을 위한 에너지가 됩니다. 그렇게 경험은 나만의 자산이 되어 주지요.

성공이란, 얼마나 즐기며 그 일을 하고 있는가, 스스로 얼마나 만족하고 있는가에 관한 이야기라 생각합니다. 시도 자체가 즐겁고, 그 과정에서 스스로에 대해 무언가를 더 알아 간다면, 그건 이미 성공이에요. 물론 많은 시간과 노력을 들였음에도 결과 없이 끝나는 일도 있습니다. 그럴 땐 허탈하고 고통스러울 수 있죠. 그러나 그 경험조차도 언젠가는 빛날 내 안에 보물이 됩니다.

"나를 죽이지 못하는 것은, 나를 더욱더 강하게 만든다."

- 니체

실패 하나로 인생은 끝나지 않습니다. 삶은 계속되고, 그 경험은 언젠가 반드시 쓰일 자산이 됩니다. 그렇기에 하고 싶은 것이 있다면, 더 많이 시도하고 도전해 보는 것이 답입니다. 모르면 물어보면 되고, 잘못된 길로 들어서더라도 잠시 헤맨 것일 뿐이에요. 다시 방향을 틀고 그 일이 즐겁다면, 그 어떤 것도 성공입니다. 그 시도는 나만의 이야기, 나만의 역사가 됩니다.

과녁의 중앙을 향해 화살을 쏘려면, 분명 집중과 정성이 필요합니다. 하지만 아주 완벽하게 쏘려고 화살을 너무 오래 들고 있으면, 오히려 힘이 빠져 정확히 쏘지 못하게 됩니다. 폼만 잡다 포기할 수도 있고, 머뭇거리다 기회를 놓칠 수도 있지요. 그러니 일단 쏘아보는 것, 그게 더 중요합니다. 시도하는 것, 그것이 정답입니다. 시도 없이는 성장도 없습니다. 작은 시도 하나가, 매일의 반복 속에서 쌓이고, 결국 새로운 나를 만들어갑니다. 실패할까 두렵고 불안해도 괜찮습니다. 그 감정은 자연스러워요. 사실 실패한 나를 다른 사람에게 보이고 싶지 않은 마음은 누구나 있잖아요? 하지만 이것만은 기억해요. 우리가 생각하는 일 중 95%는 일어나지 않는 상상 속에서만 존재한다는 걸요.

결과보다 중요한 것은 '나는 왜 이 일을 하려 하는가?'라는 질문입니다. 남의 시선만을 신경 쓰며 살았던 삶에서 벗어나 이제 진짜 나를 생각하는 시간이 되어야 합니다. 나를 한정 짓지 말고 조금씩 시선을 내 안으로 돌려 내가 진정 원하는 것, 그것을 시도하고 그 시도는 쌓이고 쌓여 나를 바꿉니다.

오늘, 당신은 어떤 시도를 하나요?
그 시도가 바로,
내일의 당신을 만드는 첫걸음이 될 거예요.

2

나와 진정한 연결이 이루어지는 순간

주말 밖에서 점심을 먹고 있었습니다. 아침에 출근한 남편에게 전화가 왔고, 독서 모임 사람들과 점심을 먹고 있다고 했습니다. 그는 말없이 나간 것에 서운해 했습니다. 그때 그의 서운해 하는 말을 듣고 제가 잘못했다 생각했어요. 하지만 지금 돌이켜 보면, 그건 그렇게 잘못된 행동이 아니었습니다. 무엇을 그때 해야 했었는데 하지 않았다던가, 또는 약속이 있었는데 그걸 어긴 것도 아니었고, 단지 함께하고 싶은 사람들과 주말 점심을 먹었을 뿐이었죠. 하지만 그날 남편의 반응에 죄책감을 느꼈고 위축된 자신이 있었을 뿐입니다.

늘 누군가의 허락을 구하며 살았고, 자유로운 선택을 하지 못한 삶이었습니다. 그랬던 제 삶에 연민이 생기고 그렇게 살 수밖에 없었던 저를 위로하면서 조금씩, 하나씩, 제 삶을 되찾아갔습니다.

"부모는 아이를 통제할 수 없을까 봐 두려워하고,

아이는 가족에게 외면당할까 두려워한다.
이런 관계에서는 진정한 자신으로 지낼 수 있는 사람은 없다."

- 니콜 르페라, 『내 안의 어린아이가 울고 있다』

   남편에게 정말 잘 보이고 싶었어요. 그 안에 제 경계는 없었죠. 보호할 명확한 선도 없었고, '아니요'라는 말을 꺼내는 것이 어려웠어요. 외면당할까 봐요. 그저 그가 옳다며 살았고, 그런 패턴이 반복될수록 제 감정과 생각은 더욱 잘못된 것처럼 느껴졌습니다. 직관은 점점 희미해졌고, 결국 서서히 나를 잃어갔습니다.
   하지만 이제 진정한 연결은 경계를 세우는 데서 시작된단 걸 압니다. 그 경계는 내가 나를 존중하는 것에서 비롯돼요. 그것은 내가 누구인지 알게 되면 누구든, 내 경계를 침범할 수는 없습니다. 이제는, 내 인생의 선택을 제 손에 쥐려 합니다. 그것은 바로 나 자신과 진정으로 연결되는 일입니다.

직관 스위치를 켜자

   무뎌져 있던 직관을 알아차리기란 쉽지 않았습니다. 어느 순간 기분이 상했는지도, 그것이 정말 상처였는지도, 기분이 어떤지조차 파악할 수 없었어요. '직관이란 뭘까?'를 먼저 고민했습니다. 그러던 중 말할 때 제가 생각하고 있는 게 맞는지 항상 의심하는 버릇이 있다는 걸 알게 되었어요. 저에게 직관이란, '지금 이게 맞아' 하고 마음 깊은 곳에서 올라오는 확신이었어요. 내 감정을 알아차리고, 상대의 말에 휘둘리지 않고, 내가 원하는 방향을 선택할 수 있는 감각이었습니다.

예전엔 상대가 논리적으로 말하면 '그게 맞나 보다' 하고 따라갔습니다. 하지만 이제는 그 어떤 논리보다 내가 느끼는 방향을 믿고 밀고 나가는 용기가 필요하다고 느꼈습니다. 처음에는 직관대로 행동하는 것 자체가 두려웠습니다. 가슴이 두근거렸고, '그냥 예전처럼 수긍할까?'라는 유혹도 있었습니다. 하지만 그 순간을 그냥 예전처럼 넘기면 또다시 자신을 가두는 삶으로 돌아갈 것 같았어요. 그래서 이번엔 다르게 살아 보기로 선택했습니다.

제가 언제 두근거리는지를 유심히 살폈습니다. 그 떨림이 불안 때문인지, 아니면 제가 정말 원하는 방향으로 나아가고 있다는 떨림인지 자신에게 물었습니다. 그 순간을 모면하지 않고, 제 안의 느낌에 집중했을 때, 직관이 작동하기 시작했어요.

> "직관은 우리 내면에 존재하는 방향 제시자요, 삶이라는 배의 항법장치다. 그러나 이 항법장치는 항해자가 스위치를 켜놓을 때에만 작동한다."
> - 엘프리다 뮐러-카인츠, 크리스티네 죄닝, 『직관의 힘』

직관은 늘 내 안에 있었지만, 제가 의식적으로 켜지 않았기에 아무 소리도 내지 않았던 거죠. 이제 자신에게 묻습니다. '내가 지금 원하는 건 뭘까?', '이 두근거림은 어떤 감정일까?' 그리고 그 대답을 의식적으로 받아들이려 합니다. 상대의 반응을 먼저 걱정하던 저에게 직관은 이렇게 말하고 있었습니다.

"지금 이 선택을 하지 않으면 앞으로도 계속 스스로를 구속할 거야."

용기 내 감정에 따라 새로운 선택을 했습니다. 그 선택은 정말 불안했습니다. 하지만 그 불안 너머에 자유가 있다는 것을 느꼈어요. 처음엔 흔들렸지만 두 번, 세 번 연습하면서 의식은 조금씩 단단해졌고, 이제 제 삶을 직접 조종하는 항해자가 되어 가고 있습니다. 이제는 더 이상 제 삶의 키를 누군가에게 맡기지 않기로 다짐했어요.

직관 스위치를 켜는 순간은 어느 날 갑자기 찾아오지 않습니다. 그것이 시작된 것은 몸을 돌보는 실천이 있었기 때문입니다. 아침에 물 한 잔을 마시는 것처럼 아주 사소한 것부터 운동, 음식, 수면까지…. 하나씩 건강한 루틴을 만들고 지키면서 몸이 건강해지고 소중해졌습니다. 이는 마음마저 맑아지게 했어요.

앞서 말씀드린 앨리의 이야기가 떠올랐습니다. 그녀 역시 작은 변화부터 시작했죠. 아침에 물 한 잔을 마시고, 요가와 명상으로 하루를 시작하며 몸을 돌보았고 마음까지 연결하는 연습을 했습니다. 음식을 바꾸고, 감정을 기록하며, 자신에게 친절하게 대하는 의식을 실천했어요. 그렇게 그녀는 다발성경화증을 이겨 냈고, 몸과 마음 모두 건강한 삶으로 나아갈 수 있었죠.

저도 몸을 돌보는 아주 단순한 습관에서 시작했습니다. 아침에 채소와 과일을 먹어 보자는 작은 결심. 처음엔 사과 하나였어요. 그러다 당근을 추가하고, 양배추도 넣고, 하루하루 채소·과일을 먹는 종류가 늘어났습니다. 손질하고 씻는 과정이 번거롭게 느껴졌지만, 어느 순간 콧노래를 흥얼거리며 준비하고 있었어요. 몸의 변화와 함께 '내가 나를 챙기고 있구나.'란 마음의 위로도 깊게 다가왔습니다.

몸이 가벼워지자 간식도 자연스레 줄고, 운동도 더 꾸준히 하게 되었고, 무엇보다 나를 더 소중히 여기는 삶으로 조금씩 나아갔습니다. 그리고 그 모든 시작은, 사과 하나 챙기는 정말로 작은 습관 하나였어요. 그 작은 실천이 저를 구속하던 오래된 패턴을 조금씩 무너뜨렸습니다. 예전에는 남들 앞에서 한마디 말도 못 했어요. 그들의 감정에 휘둘려 제 생각을 꾹 눌러 담았지요. 요즘은 조금씩 더듬거리면서도, 제가 느끼는 것, 제가 원하는 것을 말하기 시작했어요. 쉽진 않았습니다. 외면당할 것 같은 두려움을 하루이틀 겪은 게 아니거든요. 이 패턴을 깨고 자신을 표현한다는 건 정말 놀라운 변화였어요. 이런 작은 변화들이 쌓이면서 점점 직관을 찾고 자신을 존중하는 법을 알아갔으며 더 단단해지는 저를 발견했습니다. 혼자만의 힘으로 변화한 것은 아닙니다. 그것은 건강한 환경 속으로 저를 밀어 넣고 습관을 들인 덕분입니다.

첫째, 몸을 돌보는 환경

무엇보다도 몸이 우선이라는 걸 절감했어요. 좋은 것을 먹고 나쁜 것은 멀리하며 운동하고 잠도 잘 잤습니다. 몸을 소중하게 대했어요. 그러자 신기하게 직관이 살아났습니다. 몸이 기억했던 겁니다. 몸이 이렇게 소중한 대접을 받는데 내 감정도 존중받아야 한다고 말이에요. 그러면서 내 생각이 맞다는 직관이 살아난 것으로 생각합니다. 몸 철학자 메를로 퐁티는 우리의 존재가 곧 몸이라고 했습니다. 몸을 존중해야 나를 존중하는 거라고 했어요.

감정은 몸에서 시작되고, 몸이 건강해야 감정조절도, 욕구도, 긍정적인 생각도 자랍니다. 신경과학자 리사 펠드먼 배럿 교수의 연구에 따르면 불안이나 우울을 겪는 사람은 몸에서 올라오는 감각 정보를 반복적으로 부정적이게 해석한다고 합니다. 그래서 감정조절의 시작은 신체 감각을 다르게 경험할 수 있도록 몸의 환경을 바꾸는 것이어야 했어요.

직관을 살리기 위해 가장 먼저 할 일은 내 몸을 돌보며 식단과 운동, 잠을 바꾸는 것입니다. 혼자 하기는 어려울 수 있어요. 그렇기에 환경을 만들어야죠. 건강한 루틴을 실천하는 모임에 참여해 함께하는 것도 좋습니다. 함께하는 공동체 의식이 꾸준함을 만들어 줍니다. 그 안에서 응원과 격려를 주고받으며 꾸준히 실천할 수 있었고, 몸이 달라지자 생각도, 감정도 자연스럽게 바뀌기 시작했습니다. 몸을 돌보는 것은, 결국 나를 존중하는 가장 실질적인 방식이었습니다.

둘째, 배움을 지속하는 환경

배움을 계속하다 보면, 어느 순간 스스로에 대한 이해가 깊어집니다. '왜 나는 남 눈치를 많이 볼까?', '왜 책임지는 걸 그렇게 두려워했을까?' 그 이유를 알게 되자, 과거에 얽매이지 않고 앞으로 내가 어떻게 살고 싶은지에 집중할 수 있었습니다. 김상현 작가님의 『결국 무엇이든 해내는 사람』도 큰 영향을 주었습니다. 두 번의 카페 폐업을 겪고도 세 번째엔 결국 '연남동 1등 카페'를 만들어 낸 그의 여정은 실패와 배움, 도전과 실행이 쌓일 때 성공이 만들어진다는 걸 보여 주었죠.

그는 말합니다.

"부끄럽다고 꼭꼭 숨겨두기만 하면 똑같은 패턴으로 살아가게 됩니다. 마음을 먹었다면, 부딪히면 됩니다."

배움은 그런 용기를 줍니다. 그리고 그 용기는 삶을 더 넓게 선택하는 힘이 됩니다.

셋째, 건강한 관계를 맺는 환경

몸과 배움의 변화를 실천하다 보니 자연스럽게 긍정적인 사람들과 연결되었어요. 평가하거나 꾸짖지 않고, 있는 모습 그대로 응원해 주는 관계. 저는 태어나 처음으로 있는 그대로의 나로 인정받는 기분을 느꼈습니다. 그런 관계 안에서 그동안 억눌렀던 제 모습을 조금씩 꺼내어 행동할 수 있었고, 그 반복은 저를 성장시켰습니다.

김주환 교수님의 영상에서 본 황금 불상의 이야기입니다. 수백 년 동안 석고에 싸여 있던 황금 불상이 어느 날 석고가 깨지면서 황금 불상의 본모습을 드러냈다는 이야기요. 그 불상이 바로 우리 자신의 본모습입니다. 관계 속에서 진짜 나를 드러낼 때, 내 안의 신성함이 빛을 발하기 시작합니다. 우리는 삶 속에서 늘 환경의 영향을 받습니다. 무엇을 먹고, 누구와 있고, 어떤 생각을 듣고 말하는지. 모든 것들이 나를 만들지요. 하지만 중요한 건, 그 환경을 내가 주도적으로 바꿔 갈 수 있다는 것입니다.

건강한 몸, 성장하는 배움, 긍정적인 관계 이 세 가지 환경을 의식적으로 만들기 시작하면서 점점 자유롭고 유연한 사람이 되어갔습니다. 물론, 여전히 집착하고 두렵고 불안하지만 이런 환경 속에서 꾸준히 시도하고 실천해 나간다면 그 경험들은 내 안에 차곡차곡 쌓일 겁니다. 그리고 그 경험은 언젠가 내가 상상하지 못한 방식으로 빛나는 보물이 되어 있을 겁니다.

3

마음을 다독이며 앞으로 나아가기

숨빛노동

　남편과 약간의 논쟁이 있었습니다. 제가 영업을 해 보겠다고 하자, 남편은 반대했습니다. 왜 힘든 영업을 하냐, 내가 버는 돈이 부족하냐, 힘들게 일하지 말고 쉬라고요. 남편의 말은 틀리지 않았습니다. 하지만 저는 단지 돈을 벌고 싶었던 게 아니었어요. 저를 시험해 보고 싶었습니다. 누군가를 설득하고, 좋은 것을 나누고, 진심으로 사람에게 도움이 되는 사람이 되고 싶었죠. 영업은 그저 수단이었고, 제가 바란 건 누군가를 돕고 기여하며 살아가는 삶이었습니다.

　남편의 말에 마음이 흔들렸지만, 제 안의 작은 열망을 믿기로 했습니다. 하고 싶은 것이 생겼다는 건, 배움의 기회가 열렸다는 뜻이니까요. 그리고 그 과정이 즐거웠습니다. 하나하나 배우고, 실천하며 성장하는 제 모습에 스스로 뿌듯함을 느꼈습니다. '하고 싶은 게 생겼다'라는 것,

그 자체가 얼마나 큰 기쁨인지요.

그렇지만 사람들은 이렇게 말하기도 합니다.

"한가하니까 별생각 다 하지. 남편이 벌어온 돈으로 살면서 왜 괜히 고생을 사서 하냐."

저도 처음엔 그 말이 맞는 것 같았습니다. '맞아, 내가 너무 여유로우니까 이런 생각을 하지. 그냥 편하게 살면 되는데…' 하지만 깊이 들여다보면, 바로 그 '한가함'이 저를 불안하게 만들었다고 생각합니다. 직장을 그만두고, 아이는 커가고, 저는 아내이자 엄마로서 최선을 다해 살고 싶었습니다. 누구보다 현명한 아내가 되고 싶었고, 아이에게 부끄럽지 않은 엄마가 되고 싶었죠. 그래서 서툴지만 매일 글을 쓰고 책을 읽고, 남들 앞에서 말하는 법을 연습했습니다. 그렇게 도전하고 실행하며 깨달았습니다. 진짜 현명한 사람은, 자신의 인생을 스스로 책임지며 살아가는 사람이라는 것을요. 어쩌면 저의 변화가 가족들에게는 낯설고 서운하게 느껴졌을 수도 있습니다. 하지만 그건 나쁜 일이 아닙니다. 늘 가족들만 바라보며 사는 삶은, 결국 그들에게도 짐이 될 수 있으니까요.

진정한 가족이란 서로의 성장을 응원하는 관계라고 믿습니다. 그리고 가족과의 시간이 행복하려면, 먼저 자기 삶이 행복해야 합니다. 자신을 돌보지 못한 채 가족만 챙기는 삶은, 결국 모두를 불행하게 만듭니다. 이제 제 삶을 돌보며, 꿈을 향해 걸어갑니다. 그렇게 살아가는 엄마의 모습, 아내의 모습은 가족에게 좋은 영향이 되어 줄 거라고 믿으니까요.

"모든 부모는 아이가 행복하길 바랍니다. 그런데 정작 자기 행복에는 무심하죠. 부모가 일상에서 사소한 행복을 누리며 마음껏 웃을 때, 아이는 그런 부모에게 '행복의 기술'을 배웁니다."

- 김종원, 『부모 인문학 수업』

"누군가를 사랑한다는 건, 그 사람의 자유를 소중히 여기는 것입니다. 상대의 자유를 사랑할 수 있어야 진짜 사랑이죠."

- 김형석, 『김형석의 인생문답』

내가 행복한 모습을 가족에게 보여 주는 것이 가장 좋은 선물입니다. 진정한 가족은 서로의 자유를 존중하며 성장하는 존재여야 한다고 생각해요. 사랑하니까, 서로를 얽매는 관계가 아니라, 함께 그리고 또 각자 빛나는 존재여야 합니다.

급작스럽게 맞이한 퇴직은 제게 처음으로 '숨 쉴 틈'을 주었습니다. 그때야, 내 인생과 내가 진정으로 원하는 일이 보였습니다. 그런데 사람들은 말합니다. "한가하니까 괜한 일을 만든다."고요. 이제는 그렇게 말하는 사람들에게 말하고 싶습니다. 단 한 번이라도 내 인생을 살아 봤냐고요. 살아보고 그런 이야기를 하라고요. 그리고 덧붙여 자신의 인생을 치열하게 고민해 본 적이 있는지 묻고 싶습니다. 아마 그랬다면 저에게 이런 말은 못 했을 겁니다.

이건 그냥 심심해서 시작한 일이 아닙니다. 오랫동안 저를 탐구했고, 자신을 다잡았고, 정말 살아 숨쉬기 위해 움직였어요. 그 과정에서 뿌듯함을 느끼고, 살아 있음을 느꼈습니다. 물론 힘든 순간도 있었습니다. 하지만 그 고됨마저 제겐 숨이고 빛이었습니다. 저는 이 시간을 '숨 빛 노동'이라고 부르고 싶습니다.

숨 쉬듯 살아내며, 나만의 빛을 만들어내는 일. 남들이 몰라도 괜찮습니다.

"나는 오늘도 숨 빛 노동을 했습니다. 조용히, 하지만 분명히 빛나게."

새로운 선택이 무섭고 두려운 건 당연합니다. 주변 사람들은 예전의 나와 달라진 내 모습을 이상하게 여깁니다. 그 말들이 반가운 이유는, 정말 변하고 있다는 증거이기 때문입니다. 변화는 받아들이되, 그 말에 휘둘려선 안 됩니다. 흔들리는 순간, 싹 틔운 진짜 나는 다시 숨어버릴 테니까요. 지금 이 글을 읽고 있는 당신에게도 묻고 싶습니다.

혹시 지금, 남의 시선에 갇혀 하고 싶은 일을 포기하고 있진 않나요?

그 순간, 당신의 마음은 어떤가요? 울적한가요? 아프지 않나요?

그 마음을 먼저 안아주세요. 서운해하는 그 여린 마음을 다정하게 바라봐 주세요.

그리고 말해 주세요.

"지금부터는 내가 너를 지켜줄게. 너의 인생은, 너답게 살아도 괜찮아."

지금부터, 한 걸음씩, 당신의 삶을 향해 걸어가 보세요. 아주 작은 선택 하나가, 당신의 삶을 빛나게 할 거예요. 오늘, 당신도 숨 빛 노동을 해 보는 건 어떨까요?

조용히, 하지만 분명하게 빛나는 걸음으로.

마음이라는 정원을 가꾸는 일

살다 보면, 가장 소홀해지는 게 바로 내 마음이라는 걸 알게 됩니다. 가족을 먼저, 남들을 먼저 챙기다 보면 어느새 나의 마음은 돌보지 않은 채 내버려져 있곤 하죠. 하지만 이제는 압니다. 아무리 좋은 씨앗도 돌보지 않으면 자라지 않듯, 내 마음도 조금씩 손길을 주어야 한다는 것을요.

요즘, 매일 명상을 합니다. 명상은 특별한 것이 아닙니다. 그저 지금, 이 순간을 알아차리는 것이죠. 이 단순한 알아차림만으로도 불안한 마음이 조용히 다독여지고, 앞으로 나아갈 힘이 생깁니다. 새로운 선택 앞에서 흔들리는 마음을, 명상이 조용히 안아주었습니다. 명상은 꼭 가부좌를 틀고 앉아 눈을 감고 해야 하는 것이 아니더라고요. 서 있을 때도,

운전 중에도, 걸어가면서도 가능합니다. 외부에 향해 있던 주의를 내 안으로 돌려주는 것. 그 순간 세상은 고요해지고, 비로소 나를 보게 됩니다. 그리고 마음 한편에서 이런 소리가 들려요.

'그래, 많이 힘들었지. 정말 애썼어.' 그 순간 자신을 연민으로 감싸안았습니다. 그리고 거기서 다시 무언가를 할 힘을 얻죠. 내 마음을 알아차리고 인정해 주는 순간, 평온함과 자연스레 연결됩니다.

"순수한 알아차리기의 경험에 주목하십시오. 누구나 바라는 평온함과 행복이 바로 거기에 있습니다."

- 루퍼트 스파이라, 『알아차림에 대한 알아차림』

가장 쉬운 알아차림의 방법은 '호흡을 알아차리기'입니다. 면접을 보기 전에도, 발표를 하기 전에도, 우리는 자연스럽게 숨을 크게 쉽니다. 그 순간, 나를 알아차리는 것만으로도 마음은 금세 고요해지고, 중심을 찾습니다. 여러분도 한번 해 보세요. 지금, 이 순간, 숨을 천천히 들이쉬고 내쉬며 나를 바라보는 연습을요. 아주 사소한 습관이지만, 할수록 그 안에서 나를 위로하는 싹 하나가 심어지고 자라나는 걸 느낄 수 있을 거예요. 이제 조금씩 저를 쓰다듬는 법, 안아주는 법을 배우고 있습니다. 마음을 가꾼다는 것은 거창한 일이 아닙니다. 단지 내 마음을 한 번 더 들여다보고, 심호흡하며 나에게 따뜻한 위로의 말을 건네는 일이죠. 그렇게 만들어진 순간들이 쌓여, 결국은 나를 지키는 힘이 되어 줄 겁니다.

오늘, 당신도 '내 마음 가꾸기'를 시작해 보면 어떨까요?
작은 숨결 하나가 당신의 삶을 따뜻하게 밝혀줄 거예요.

4

나는 충분히 달라질 수 있다

글쓰기는 긍정으로 가는 길

"내가 정말 잘하고 있는 걸까?"

숨빛 노동을 이어가다 보면 문득 마음속에 이런 질문이 올라옵니다. 어떤 날은 그 불안이 스치듯 지나가고, 또 어떤 날은 오래 머물러 마음을 짓누르곤 하지요. 사소한 일에도 부정적인 생각이 꼬리를 물고, 그 생각은 또 다른 걱정을 낳습니다. 마음은 금세 울적해지고, 지금까지의 노력이 모두 헛수고처럼 느껴지기도 합니다. '내가 이 길을 잘 가고 있는 게 맞을까? 괜히 나 혼자 의미를 부여하고 있는 건 아닐까?' 그럴 때면 노트를 꺼냅니다. 그리고 지금의 마음을 담담히 적어 봅니다. '불안하다.' 딱 한 줄만 써도 마음속 어지러움이 조금씩 가라앉기 시작합니다.

그렇게 적고 나면, 마음속에 있던 다른 감정이 조심스레 고개를 듭니다. '그래도 나 꽤 잘해오고 있었잖아.' 작년 같았으면 시도조차 못 했을 일들이 머릿속에 떠오릅니다. 블로그에 꾸준히 글을 썼고, 공저로 책 출판도 했고, 유튜브 영상도 촬영했고, 낯설기만 했던 모임에서 누구보다 적극적으로 활동했습니다. 무엇보다 사람들과의 만남이 더 이상 두렵지 않고, 오히려 즐겁다는 걸 알게 됐습니다. 이 변화들은 단숨에 이루어진 것이 아닙니다. 하루하루, 아주 작은 용기의 반복이 만든 결과입니다.

겉으로 보이는 성과가 크지 않다고 해서, 성장하지 않았던 것은 아니었습니다. 조용하고 느리지만, 분명 변화하고 있었습니다. 그 변화는 누구보다 제가 잘 알았어요. 하루 전날 받은 발표 제안을 망설임 없이 수락한 나, 친구에게 사정을 솔직히 말하고 함께 가기로 한 여행을 취소한 나. 이런 작은 행동 하나하나가 그냥 생긴 것이 아니란 걸 압니다. 그것은 내면이 단단해지고 있다는 증거입니다.

이렇게 감정을 글로 적자 부정적인 감정이 정리되고 긍정적인 생각이 떠올랐습니다. 연구에 따르면, 감정을 글로 적는 '저널링'은 스트레스를 줄이고 감정조절 능력을 향상하며, 자기 성찰을 도와준다고 합니다. 특히 혼란스러운 생각을 정리하고, 부정적인 감정을 해소하고, 긍정적인 사고로 전환하는 데 효과적이라는 사실도 밝혀졌어요. 저널링은 자신의 변화를 인지시켜 주고, 긍정적인 면을 발견하는 데 중요한 역할을 합니다.

저널링을 통해 자기 인식이 더욱 선명해졌고, 그 인식은 두려움으로 가득 찼던 인간관계를 바꾸어 놓았습니다. 예전에는 남들이 저를 거절할까 봐, 싫어할까 봐 두려웠습니다. '사람들을 만나면 무슨 말을 하지?', '괜히 어색해지면 어쩌지?', '나 때문에 분위기 흐려지면 어쩌지…'등 온갖 좋지 않은 생각들을 먼저 하면서 만남을 불안해했죠.

그러나 지금은 많이 달라졌습니다. 점점 그 불안에서 벗어나고 있어요. 사람들은 생각보다 이야기가 잘 통했습니다. 만남은 따뜻했고, 이야기꽃이 피었으며, "다음에 또 봐요"라는 말이 만날수록 진심처럼 들렸습니다. 그 경험은 깊은 안도감과 따뜻함을 안겨 주었고, 제 삶에 자신감을 심어 주었습니다.

감정을 변화시켜 주는 글쓰기를 하면서 긍정적으로 변했고 회복탄력성도 길러 주었습니다. 회복탄력성이 빛난 순간은 엄마의 병환을 지켜보던 때였습니다. 엄마는 2024년 1월 신장암 수술을 받으신 후, 같은 해 9월 재발 소식을 들으셨고, 이후 항암과 자연치유를 병행하며 치료에 온 힘을 쏟았습니다. 그러던 중 2025년 1월, 갑작스러운 설사 증상으로 침대에만 누워 계셨습니다. 기력을 잃고 맥없이 누워 계신 엄마를 보니 정말 속상했습니다. 그러나 마음은 어느새 저를 일으켜 세웠습니다. 검진 결과 암세포가 다시 퍼졌다는 말을 들었을 때, 엄마에게 말했습니다.

"엄마, 지금은 검진하던 날보다 몸이 나아졌어요. 그 결과는 2주 전 몸의 기록일 뿐이에요. 지금, 이 순간의 몸을 믿어도 돼요."

그 말에 엄마는 고개를 끄덕이셨고, 다시 치료에 집중하시기 시작했습니다. 그리고 2주 후, 혈액검사 결과 빈혈 수치가 많이 좋아졌다는 말을 들었을 때, 엄마는 환하게 웃으셨습니다. "엄마는 행복하다~ 정말 행복해~" 엄마의 그 한마디는 제 마음을 뭉클하게 하고 따뜻하게 해 주었습니다. 그리고 깨달았습니다. 나도 힘을 줄 수 있는 사람이라는 것을요. 이 확신은 저를 변화시켰습니다.

엄마를 지키며 다져온 나를 믿는 힘, 내면의 힘은 남들 앞에서 나를 당당하게 만들어 주었습니다. 제가 두려웠던 건 남들의 비난이 아니라, 결국 스스로를 믿지 못했던 저 자신이었다는 걸 뒤늦게 알았습니다.

글쓰기는 감정 알아차림과 긍정적 사고 습관을 길러 주었고 역경을 딛고 앞으로 나아가게 했습니다. 앞으로 어떤 시련이 닥칠지 몰라도, 저는 믿습니다. 실패해도 또다시 일어설 수 있고, 또 누군가에게 힘이 될 수 있는 사람이라는 것을요. 충분히, 달라질 수 있습니다. 그리고 이미 달라지고 있습니다.

변화하며 성장할 수 있다

변화할 수 있었던 단 한 가지는 작고도 단순한 실천에서 시작되었습니다. 바로 '하루를 여는 물 한 잔'이었습니다. 그 물 한 잔은 점차 아침에 먹는 채소·과일 식으로 이어졌고, 운동도 하며 그렇게 매일 나를 챙기고 돌봤습니다. 그런 행위들이 하나둘 늘어났고 어느새 나 자신을 사랑하는 법을 배웠습니다. 이처럼 사소한 성공의 경험들이 하루하루 쌓이자, 마음은 긍정적으로 바뀌었습니다. 어떤 역경이 닥쳐와도 이전과 다르게, 있는 그대로 받아들이는 힘을 얻었고, 오히려 그 상황을 성장의 기회로 바라보는 시선이 생겼습니다. 정말 예전과는 다른 사람이 되었습니다. 한 번의 큰 결심이 아닌, 매일 반복하는 작은 행동이 진짜 변화를 만듭니다. 그렇다면 어떻게 매일 반복할 수 있을까요?

첫째, 스스로 '제일 만만하게 할 수 있는 것'부터 시작하세요. 그리고 아주 간단한 점검표를 만들어 보세요. 예로 물 한 잔 ✓, 채소 · 과일 식 ✓, 명상 5분 ✓ 이렇게요. 둘째는 실천할 때마다 스스로 이렇게 말해 보세요. "오늘도 성공했어!", "오늘도 내가 해냈어!" 이렇게 매일의 작은 성공이 반복되면, 그것은 어느새 당신을 바꾸는 강력한 자산이 됩니다. 셋째, 트리거(Trigger)를 설정하세요. 트리거란 기존에 이미 하는 행동에 새 습관을 연결하는 것입니다. 예를 들어, 사람들이 양치 후 치실을 쓰는 경우가 양치 전에 하는 경우보다 훨씬 성공률이 높다는 연구가 있습니다. 기존 행동에 새로운 습관을 붙이면 기억하기 쉽고 지속되기 쉬운 구조가 만들어지기 때문입니다.

'눈 뜨자마자 물 한 잔 마시기' 습관도 마찬가지입니다. 휴대폰을 들면, '주방으로 가서 물을 마신다'라는 루틴을 설정하세요. 이렇게 구체적이고 작은 행동 하나가 당신의 하루를 바꾸는 출발점이 됩니다. 변화는 의지만으로는 어렵습니다. 그러나 작은 실천을 지속하며 자각하게 되면, 우리는 자신을 점점 더 긍정적인 사람으로 인식합니다. 그것은 곧 자존감의 밑거름이 되죠.

"긍정적인 사람은 긍정적 정서가 뇌에 깊이 각인되어 습관이 된 사람이다. 뇌는 가소성을 지니고 있어 아무리 나이가 들어도 반복 훈련하면 변하게 마련이다."

- 김주환, 『회복탄력성』

작은 실천은 단지 행동이 아니라, 내 안의 긍정성을 키우는 훈련입니다. 우리는 계속 성장할 수 있는 존재입니다. 변화를 바라는 마음만 있다면, 그 마음을 작은 실천으로 연결해 보세요. 그 실천이 삶의 방향을 바꾸고, 마침내 당신 자신을 바꿉니다.

나는 나를 위하는 삶을 선택했다

매일 아침 채소·과일 식을 하고 있습니다. 집에서 혼자만 하고 있죠. 남편은 "풀만 먹는다"라며 장난스럽게 말하지만, 흔들리지 않습니다. 사과 하나로 시작했어요. 지금은 10가지가 넘는 재료로 만든 풍성한 한 끼가 되었습니다. 처음엔 인스턴트를 많이 먹어 몸의 독소를 빼기 위한 선택이었지만, 지금은 나를 사랑하기 위한 식사로 바뀌었습니다. 조금 번거롭더라도 '내 몸의 보약을 준다'라는 마음으로 준비합니다. 주변의 반응이 탐탁지 않아도, 꾸준히 실천할 수 있었던 건 그 행위가 나를 위한 것이라는 확신이 있었기 때문입니다. 그리고 그것을 지속하다 보면, 결국 주변도 나를 존중하게 되고, 변화는 자연스레 퍼져 나갈 것입니다.

지금 이 작은 습관을 지킬 수 있는 이유는 단 하나, 나에 대한 믿음이 생겼기 때문입니다. 이 믿음은 처음부터 있었던 것이 아닙니다. 작은 실천 하나하나가 쌓이며 생긴 신뢰의 힘입니다. 나는 변화할 수 있고, 성장할 수 있으며, 나를 위해 실천할 수 있습니다. 지금 이 글을 읽는 당신도 그 마음이 있다면, 그건 이미 출발선에 선 것입니다. 한 걸음, 단 한 걸음만 내디뎌 보세요. 당신도 충분히 변화할 수 있습니다. 그리고 그 변화는, 당신 삶 전체를 따뜻하게 감쌀 것입니다.

매일 아침, 채소·과일식 사진을 아침 채소과일방에 인증하고 있습니다. 인증은 건강한 식단을 지키는 활동을 넘어서, 나 자신을 아끼고 돌보는 행위를 꾸준히 실천할 수 있게 해요. 공동체의 힘이기도 합니다. 혼자서 몸을 챙기고, 건강한 습관을 유지하는 건 생각보다 쉽지 않습니다. 하지만 나와 생각이 닮은 사람들이 함께 모여, 서로의 노력을 응원하고 건강을 기뻐하는 공간은 습관을 지속하는 강력한 연결고리가 됩니다.

함께하면 습관은 이어지고, 마음은 자랍니다. 한 연구에 따르면, 가족, 친구, 혹은 같은 목표를 가진 사람들로부터 받는 지지는 건강한 습관을 유지하는 데 매우 긍정적인 영향을 준다고 알려져 있습니다. 이런 지지는 자기 효능감을 높여 주고, 서로의 성공과 도전을 공유하며 지속적인 동기 부여를 가능하게 합니다. 저 역시 몸이 건강해졌을 뿐 아니라, 마음의 성장도 함께 경험했습니다.

아침 채소과일방에서 받은 지식과 활기찬 에너지를 바탕으로, 저만의 채소과일방을 만들기도 했어요. 방에 들어온 분들의 어려움과 궁금증에 귀 기울이고, 나눌 수 있는 것들을 전하며 저 또한 더 깊이 공부하고 성장했습니다. 그렇게 조금씩, 꿈을 실현하는 사람이 되어가고 있었습니다. 하루하루가 설레고, 나답게 살아가고 있다는 느낌이 들었습니다. 완벽하지 않아도 됩니다. 중요한 건 진심입니다. 진심은 완벽보다 깊이 전해진다고 생각해요. 누군가를 진심으로 걱정하고, 잘되길 바라고, 건강을 응원하는 마음만큼은 누구보다 진심입니다. 그 마음이 모두에겐 아니지만, 어느 누군가에겐 꼭 닿을 거라고 믿습니다. 왜냐하면, 저도 그렇게 누군가의 진심에 힘을 얻었으니까요. 그리고 깨달았습니다. 그 마음은 결국 나를 위한 마음이기도 하다는걸요. 누군가를 돕고 싶고, 함께 행복해지고 싶고, 그런 나를 통해 내가 더 살아 있는 존재가 되니까요.

"행복은 깊이 느낄 줄 알고 단순하고 자유롭게 생각할 줄 알고 도전할 줄 알며 남에게 필요한 삶이 될 줄 아는 능력으로부터 나온다."

- 영국 소설가/평론가, 스톤 제임슨

30일
실천 노트

: 나와의 만남

자, 이제 저와 함께 자신을 마주하는 실습을 시작해 보겠습니다. 오늘부터 차근차근 저를 따라오세요. 이 여정의 마지막에는, 자신을 온전히 사랑하고 있는 '진짜 나'와 마주한 당신을 만나게 될 거예요.

혼자만의 실천이 외롭지 않도록 '자존감 회복실 오픈 톡방'(QR코드 접속)이 마련되어 있습니다. 오픈 톡방은 자유롭게 참여하실 수 있으며, 참여 여부는 전적으로 선택 사항입니다.

다만, 함께 참여하신다면
1. 서로의 실천 과정을 공유하며 지속할 힘과 동기부여를 얻을 수 있습니다.
2. 공감과 격려, 피드백을 주고받는 시너지 효과를 경험할 수 있습니다.

책 속의 실천을 일상에 이어 가고, 작은 변화를 함께 지켜보는 과정에서 회복의 여정이 더욱 따뜻해질 것입니다.

자존감 회복실 오픈 톡방 *QR코드*

DAY 0

선언과 계획 — 나와 마주할 시간 정하기

오늘의 핵심: "오늘은 30일 여정을 시작하는, 나와의 약속을 만드는 날입니다."

왜 이 연습을 하나요?: 매일 '나와 마주할 시간'을 정한다는 것은 곧 나를 돌보고 변화시키는 가장 확실한 첫걸음입니다. 마음만 먹는 것이 아니라, 구체적으로 언제 어디서 어떻게 할지를 정하면 실천력이 높아집니다.

*연구에 따르면 구체적인 계획과 루틴 설정은 목표 달성률을 2~3배 높인다고 합니다.(Gollwitzer, 1999)

오늘 해 볼 것: 앞으로 30일 동안 나와 마주할 '시간과 장소' 정하기

        이 시간을 나에게 주기로 한 이유 적기

        예) '나를 더 이해하고 돌보기 위해'

        30일 후 나의 바라는 모습 적기

        예) '마음을 잘 돌보고, 내 감정에 솔직한 내가 되어 있을 거예요.'

        나에게 해 줄 확실한 칭찬 한 가지 적기

오늘의 선언문: 오늘 나와의 약속을 짧게 한 줄로 적고, 소리 내 읽어 주세요.

        예) "나는 오늘부터 매일 나와 마주할 시간을 꼭 지키겠습니다."

DAY 0 체크: ☐ 나와 마주할 시간·장소 ☐ 이유 적기 ☐ 30일 후 나의 모습
        ☐ 나에게 줄 칭찬 ☐ 선언문 쓰고 읽기

1

몸을 돌보면
마음도 달라진다

DAY 1

내 몸과 인사해요

오늘의 핵심: "오늘은 나와 함께해 준 몸에게 '고마워'라고 인사하는 날입니다."

왜 이 연습을 하나요?: 몸은 평생 나를 지켜 주는 든든한 동반자입니다. 하지만 우리는 그 소중함을 종종 잊고 살죠. 몸에게 인사하고 감사를 전하는 것은 몸과 마음의 연결을 회복하고 자기돌봄의 첫걸음이 됩니다.

* 연구에 따르면 몸의 감각을 의식적으로 느끼는 연습만으로도 감정 인식력과 스트레스 회복력이 높아집니다. (Kabat-Zinn, 1990; Farb et al., 2010)

오늘 해 볼 것: 오늘 몸에게 고마운 점 3가지 (예: 숨 쉬어줘서 고마워, 걸을 수 있어 고마워)
  내 몸에게 전하고 싶은 한마디 (예: 매일 나를 지켜 줘서 고마워)
  한 줄 다짐 (예: 몸에게 매일 한 번 고마움을 전하자)

미션: 전신 거울 앞에서 1분 동안 몸을 쓰다듬으며 "고마워"라고 말하기

오늘의 기록: 오늘 내 몸에게 고마웠던 부분:
  몸에게 하고 싶은 말:
  오늘의 한 줄 다짐:

DAY 1 체크: ☐ 몸 쓰다듬기 ☐ 몸 감사 3가지 ☐ 오늘의 다짐

오늘도 나를 다정히 안아주는 중입니다

DAY 2

몸의 감각을 느껴요

오늘의 핵심: "오늘은 내 몸이 보내는 작은 신호들을 조용히 느껴 보는 날입니다."

왜 이 연습을 하나요?: 몸은 감정을 가장 먼저 알아차리는 곳입니다. 불안, 긴장, 기쁨 모두 몸의 감각으로 먼저 나타나지만, 우리는 그 신호를 지나치곤 합니다. 몸의 감각을 의식적으로 느끼는 것은 자신을 돌보고, 감정을 조절하는 힘을 기르는 연습입니다.

* 연구에 따르면 몸의 감각을 느끼는 연습(바디스캔)은 우울과 불안을 낮추고 자기 인식을 높이는 데 효과가 있습니다. (Kabat-Zinn, 1990; Farb et al., 2010; PNAS, 2014)

오늘 해 볼 것: 3분간 눈을 감고 '몸 스캔'(발끝 → 머리 느낌 관찰)

　　　　　　오늘 강하게 느껴진 몸의 감각을 적고 말하기

　　　　　　　(예: 가슴이 따뜻했어요, 신호를 보내 줘서 고마워)

　　　　　　한 줄 다짐 (예: 오늘부터 내 몸의 작은 신호에 귀 기울이겠습니다.)

미션: 발끝부터 머리까지 차례로 느껴보기

오늘의 기록: 오늘 느껴진 몸의 감각:

　　　　　　　그 감각에 해 주고 싶은 말:

　　　　　　　오늘의 한 줄 다짐:

DAY 2 체크: ▢ 몸 스캔 ▢ 몸의 감각 쓰고 낭독 ▢ 오늘의 다짐

DAY 3

물 한 잔으로 몸을 깨워요

오늘의 핵심: "오늘은 나를 위한 물 한 잔으로 하루를 깨우는 날입니다."

왜 이 연습을 하나요?: 물 마시기는 가장 간단하면서도 강력한 자기돌봄의 시작입니다. 자는 동안 잃었던 수분을 채워 몸과 뇌를 깨우고, 물 한 잔을 의식적으로 마시는 순간 마음도 '지금 여기'로 돌아옵니다.

* 연구에 따르면 수분 보충은 기분, 집중력, 에너지를 높이고, 마음을 진정시키는 효과가 있습니다. (Nutrition Reviews, 2010; Mindfulness, 2018)

오늘 해 볼 것: 아침에 눈 뜨자마자 물 한 잔 마시기

　　　　　　　물을 마실 때 느낀 감각 기록 및 몸에게 하고 싶은 말

　　　　　　　(예: 따뜻한 물이 속을 편안하게 해 줬어요, 오늘도 잘 부탁해)

　　　　　　　한 줄 다짐 *(예: 내일도 나를 위해 물 한 잔으로 하루를 시작하겠습니다.)*

미션: 물을 천천히 마시며 혀, 목, 배에 닿는 감각 느끼기

오늘의 기록: 물을 마시며 느낀 감각:

　　　　　　　몸에게 해 주고 싶은 말:

　　　　　　　오늘의 한 줄 다짐:

DAY 3 체크: ☐ 아침에 물 한 잔 ☐ 느낀 감각 기록 ☐ 오늘의 다짐

오늘도 나를 다정히 안아주는 중입니다

DAY 4

몸에 집중해요

오늘의 핵심: "오늘은 내 몸이 보내는 감각에 집중하며, 나를 알아차리는 날입니다."

왜 이 연습을 하나요?: 몸은 감정을 가장 먼저 감지하는 곳입니다. 화가 나면 어깨가 뻣뻣해지고, 불안할 때는 가슴이 답답해지며, 긴장할 때는 배가 아프죠. 몸을 느낀다는 것은 곧 감정을 이해하는 시작입니다.

* 연구에 따르면 신체 감각을 인식하는 훈련은 자기 인식 능력을 높이고 불안과 우울을 줄이는 데 효과가 있습니다. (Farb et al., 2010; Price & Hooven, 2018)

오늘 해 볼 것: 오늘 가장 두드러진 몸의 감각 한 가지에 집중

　　　　　　　(예: 뒷목이 뻐근해요, 발바닥이 시원해요.)

　　　　　　　감각을 느끼며 떠오른 감정이나 생각을 적고 고마운 말 작성

　　　　　　　(예: 어깨가 무거웠어. 회의로 긴장했구나. 알려 줘서 고마워)

　　　　　　　한 줄 다짐

미션: 머리 → 목 → 어깨 → 팔 → 가슴 → 배 → 다리 → 발 순으로 감각 스캔

오늘의 기록: 지금 내 몸에서 가장 두드러진 감각:

　　　　　　　그 감각을 느끼며 떠올린 감정:

　　　　　　　오늘의 한 줄 다짐:

DAY 4 체크: ☐ 몸의 감각 하나 집중　☐ 그 감각에서 감정 읽기　☐ 오늘의 다짐

DAY 5

내 몸이 좋아하는 움직임을 찾아요

오늘의 핵심: "오늘은 내 몸이 기분 좋아지는 움직임을 선물하는 날입니다."

왜 이 연습을 하나요?: 우리의 몸은 '움직일 때' 살아 있음을 느낍니다. 하지만 바쁘고 피곤한 일상에서 우리는 자주 몸을 방치하곤 하지요. 내 몸이 좋아하는 작은 움직임 하나로도 기분이 달라지고 감정이 정돈됩니다.

* 연구에 따르면 가벼운 움직임은 우울과 불안을 낮추고, 감정조절에 도움을 준다는 결과가 있습니다. (Journal of Psychiatric Research, 2016)

오늘 해 볼 것: 몸이 원하는 움직임 떠올리기 *(예: 기지개, 팔 돌리기, 걷기 등)*

　　　　　　3~5분간 움직인 후 그 감각을 적고 마음에 준 변화 작성

　　　　　　(예: 등이 시원하게 펴졌어, 기분이 정리되는 느낌이야)

　　　　　　한 줄 다짐

미션: 몸이 원하는 움직임을 3~5분간 움직이기(가능하면 음악과 함께)

오늘의 기록: 오늘 내가 선택한 움직임:

　　　　　　몸이 보낸 감각과 마음의 변화:

　　　　　　오늘의 한 줄 다짐:

DAY 5 체크: ▫ 원하는 움직임　▫ 3~5분간 움직이고 마음 작성　▫ 오늘의 다짐

오늘도 나를 다정히 안아주는 중입니다

DAY 6

몸에게 편지를 써요

오늘의 핵심: "오늘은 내 몸에게 진심을 담아 편지를 써 보는 날입니다."

왜 이 연습을 하나요?: 몸은 힘들어도, 아파도, 단 한 번도 나를 떠난 적 없는 존재입니다. 오늘은 그 몸에게 말을 걸어보는 날입니다. 고맙고 미안했던 마음, 말하지 못했던 감정을 꺼내 편지로 전하는 것만으로도 우리는 자기 자신을 따뜻하게 품는 연습을 하게 됩니다.

* 연구에 따르면 몸에게 쓰는 편지는 감정 억압과 자기 비난을 줄이고, 자기 이해와 회복력을 높이는 효과가 있습니다. (Mindfulness, 2021)

오늘 해 볼 것: 몸에게 편지 쓰고 느낌 작성 (예: 내 허리에게, 늘 참고 견뎌 줘서 고마워. 이제는 네 말에 귀 기울일게, 눈물이 나려고 했어요. 왜 이제야 고마운 줄 알았을까 싶었어요.)

　　　　　　한 줄 다짐

미션: 가장 자주 아프거나 무거운 부위에 편지 쓰기(그림, 낙서도 좋음)

오늘의 기록: 몸에게 보내는 편지:
　　　　　　편지를 쓰며 느낀 감정:
　　　　　　오늘의 한 줄 다짐:

DAY 6 체크:　□ 몸에게 편지 쓰기　□ 감정 적기　□ 오늘의 다짐

DAY 7

몸과 함께한 일주일, 어땠나요?

오늘의 핵심: "오늘은 나와 함께 걸어준 몸에게 박수를 보내는 날입니다."

왜 이 연습을 하나요?: 일주일 동안의 실천을 되돌아보는 회고는, 단순한 복기가 아닌 감정과 행동을 '의미 있는 기억'으로 저장하는 작업입니다. 회고는 성취감을 강화하고, 앞으로의 실천 동기를 높여주는 중요한 자기 강화 과정입니다.

* 연구에 따르면 회고는 성찰과 감정 소화를 통해 학습 효과와 회복탄력성을 높이는 데 도움이 됩니다. (Academy of Management, 2014; 2016)

오늘 해 볼 것: 지난 6일 중 가장 좋았던 실습 떠올리고 감정과 몸의 반응 작성
　　　　　　내 몸에게 감사의 말 한 가지 쓰기
　　　　　　앞으로도 이어 가고 싶은 실천 루틴 한 가지
　　　　　　나에게 축하 인사 한마디와 셀프 포옹 혹은 셀프 박수

미션: 내 몸에게 가장 따뜻한 감사 인사 전하고 셀프 칭찬

오늘의 기록: 가장 기억에 남는 실습과 변화:
　　　　　　내 몸에게 전하는 감사인사:
　　　　　　앞으로도 이어 가고 싶은 루틴:
　　　　　　오늘 나에게 해 주는 셀프 칭찬:

DAY 7 체크: ▫ 기억에 남는 실습 회고 및 변화　▫ 몸에게 감사 인사
　　　　　　　▫ 이어갈 루틴 1가지　▫ 셀프 칭찬 혹은 셀프 포옹

오늘도 나를 다정히 안아주는 중입니다

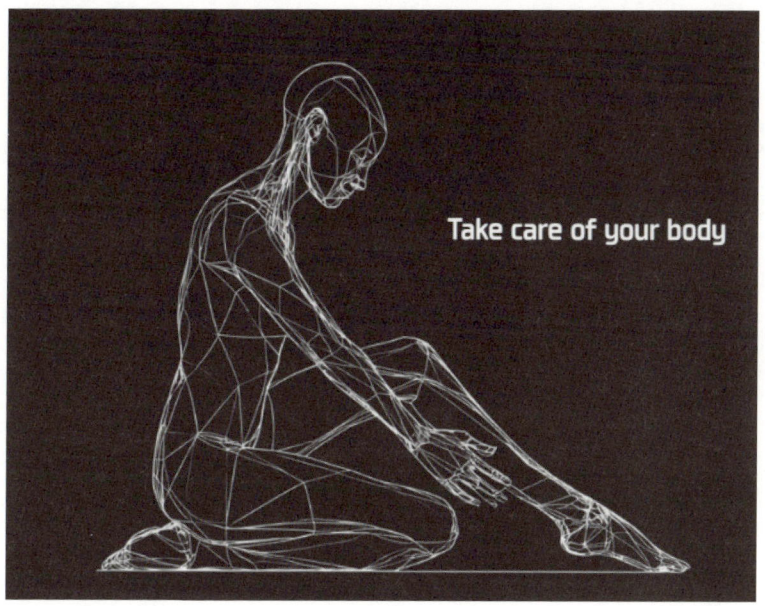

2

있는 그대로의
마음 알아보기

DAY 8

감정은 느낌의 파도예요

오늘의 핵심: "감정은 억누를 대상이 아니라, 지나가는 파도처럼 알아차려 주는 거예요."

왜 이 연습을 하나요?: 감정을 억누르거나 부정하면, 오히려 마음속에 오래 머무르게 돼요. 반대로 감정을 있는 그대로 알아차리기만 해도, 뇌는 위협을 줄이고 스스로를 진정시킬 수 있어요. 감정은 문제나 약점이 아니라, 나의 마음이 보내는 소중한 신호예요.

* 연구에 따르면 감정을 인식하고 수용하는 것이 감정조절의 시작이라는 것을 알려 줍니다. (Aldao et al., 2010)

오늘 해 볼 것: 오늘 느꼈던 감정을 하나 떠올리기 (예: 모든게 귀찮고 무기력했어요.)
그 감정의 반응행동 (예: TV시청했어요.)
파도처럼 흘려보는 이미지 상상 (예: 무기력의 바닷물이 밀려 나감)
감정에게 따뜻한 말 한마디
(예: 요즘 많이 지쳤지. 그래도 잘 하고 있어. 고마워.)

미션: 오늘의 감정을 억누르지 않고 바라보며 그 감정에게 따뜻한 말을 건네 보세요.

오늘의 기록: 오늘 느낀 감정과 그 반응:
오늘 감정에게 건네고 싶은 한마디:

DAY 8 체크: ☐ 감정의 인식과 반응 ☐ 흘려보며 관찰 ☐ 따뜻한 말 건네기

오늘도 나를 다정히 안아주는 중입니다

DAY 9

지금 내 감정은 뭘까?

오늘의 핵심: "감정에 이름을 붙이면, 마음은 잔잔해져요."

왜 이 연습을 하나요?: "기분이 별로야…" 이 말 속에는 여러 감정이 겹쳐 있을 수 있어요. 막연한 감정에 '이름'을 붙여 주는 것만으로도 뇌는 안도하고, 감정은 작아집니다.

* 연구에 따르면 감정 이름 붙이기는 편도체 활동을 줄이고 전전두엽을 활성화시켜 감정을 통제하려 하지 않고도 안정되도록 도와준다는 연구결과가 있습니다. (Lieberman et al., 2007)

오늘 해 볼 것: 오늘 가장 강하게 느꼈던 감정을 하나 떠올리고 구체적인 단어 표현

        (예: 허무한 기분, 외로움, 쓸쓸함)

        그 단어를 소리 내어 말하거나 글로 작성 *(예: 지금 나는 외롭구나)*

        감정에게 다정한 말

        (예: 많이 지치고 외로울 만큼 애썼구나. 정말 힘들었지. 고생했어)

미션: 오늘 느낀 감정에 이름을 붙이고 다정한 말 건네기

오늘의 기록: 가장 기억에 남는 감정:

        말하거나 적었을 때의 내 느낌:

        감정에게 다정한 한마디:

DAY 9 체크: ☐ 오늘 가장 강한 감정 표현 ☐ 다정한 말 ☐ 진심으로 바라봐 주기

DAY 10

감정의 뿌리를 살펴봐요

오늘의 핵심: "감정 뒤에는 늘, 내 마음속 깊은 바람이 숨어 있어요."

왜 이 연습을 하나요?: 감정은 겉으로는 반응처럼 보이지만, 그 안에는 기대, 기억, 욕구, 바람이 담겨 있어요. 이 뿌리를 바라보면, 감정에 휘둘리지 않고 오히려 나 자신을 더 따뜻하게 이해할 수 있어요.

* NVC 창시자 마셜 B. 로젠버그는 '모든 감정은 충족되었거나 충족되지 않은 욕구의 신호입니다.'라고 했습니다.

오늘 해 볼 것: 오늘 가장 강했던 감정을 떠올리기 *(예: 초조함, 부담감)*

그 감정이 생긴 배경 상황 찾기 *(예: 사람들에게 잘 보이고 싶음)*

그 안에 진짜 담긴 '기대' 혹은 '바람' *(예: 사람들과 진심으로 연결되고 정말 힘이 되면 좋겠다는 마음)*

따뜻한 말 건네기 *(예: 부담이 있구나. 노력하고 있어. 정말 고생한다)*

미션: 오늘 감정의 이유를 알고 숨어 있는 바람을 찾아 그 마음 알아주기

오늘의 기록: 오늘 느낀 감정과 상황:

그 상황에서 정말 바랐던 것:

감정의 뿌리를 이해한 후 생긴 변화:

DAY 10 체크: ☐ 오늘 감정과 그 상황 ☐ 욕구·기대 파악 ☐ 따뜻하게 이해하기

오늘도 나를 다정히 안아주는 중입니다

DAY 11

불편한 감정도 괜찮아요

오늘의 핵심: "감정을 없애려 하지 않고, 다만 함께 있어 주는 연습. 그것이 곧 나를 품는 연습이에요."

왜 이 연습을 하나요?: 짜증, 슬픔, 불안, 질투 같은 불편한 감정이 올라올 때 우리는 얼른 없애고 싶어 하죠. 하지만 감정을 억누르면 오히려 스트레스 반응이 높아지고, 있는 그대로 바라봐 주면 심리적 안정감과 회복력이 자랍니다.

* 연구에 따르면 감정을 수용한 집단은 억제한 집단보다 스트레스 반응이 낮고 심리적 회복력이 높이는 효과가 있습니다. (Campbell-Sills et al., 2006)

오늘 해 볼 것: 오늘 불편했던 감정 *(예: 할 일이 많은데 집중이 안 됐어요)*
　　　　　　　몸의 어느 부위에 느껴졌는지 관찰 *(예: 가슴이 답답했음. 가슴을 토닥임)*
　　　　　　　감정을 바꾸려 하지 않고 '괜찮아' 말해 주기
　　　　　　　감정이 머물 수 있도록 조용히 토닥이며 호흡

미션: 감정이 머물도록 허락하고 괜찮다 말하기

오늘의 기록: 오늘 떠오른 불편한 감정과 신체 부위:
　　　　　　　감정 수용 후 마음 변화:
　　　　　　　오늘 다정하게 건네는 말:

DAY 11 체크: □ 불편한 감정 및 신체부위 관찰　□ 감정 인정　□ 따뜻한 말 건네기

DAY 12

감정과 대화해요

오늘의 핵심: "감정은 억누를 대상이 아니라, 말을 걸어 주면 비로소 진심을 꺼내요."

왜 이 연습을 하나요?: 감정은 마음속의 어린 나와 같아요. 외면당할까 봐 숨고, 표현하지 못해 답답해하면서도 누군가가 "괜찮아, 말해도 돼"라고 말해 주길 기다려요. 심리치료 기법의 하나인 감정 의인화는 감정과의 대화를 통해 억눌린 감정을 통합하고 자기 연민과 감정조절력을 키워준다고 해요.

* 연구에 따르면 부정적 감정에 말을 걸어 주는 것만으로도 불안과 우울, 분노가 완화될 수 있다고 보고됩니다. (Greenberg & Elliott, 2018)

오늘 해 볼 것: 오늘 떠오른 감정 *(예: 외로움)*
　　　　　　　감정이 사람이라면 어떤 모습일지 상상 *(예: 회색 옷을 입고 웅크린 모습)*
　　　　　　　감정에게 다정하게 질문과 경청 *(예: 많이 외롭니? 내가 옆에 있을게)*
미션: 감정과 진심 어린 대화를 나누며 그 감정에게 전하고 싶은 이야기를 들려주기

오늘의 기록: 감정의 모습(표정, 자세 등):
　　　　　　 그 감정이 나에게 건넨 말:
　　　　　　 내가 그 감정에게 해 주고 싶은 말:

DAY 12 체크: ☐ 오늘 머무른 감정　☐ 감정의 이미지 상상
　　　　　　　☐ 감정에게 질문하고 듣기　☐ 감정에게 나의 말 전하기

오늘도 나를 다정히 안아주는 중입니다

DAY 13

감정 속에 또 다른 감정이 있어요

오늘의 핵심: "겉감정 뒤에는 속감정이 있어요. 그 속마음을 들여다보는 것이 진짜 나를 이해하는 길이에요."

왜 이 연습을 하나요?: 우리가 흔히 느끼는 짜증, 분노, 무기력 같은 감정은 사실 그 아래 깊이 숨은 진짜 감정을 가리고 있는 경우가 많아요.

* 연구에 따르면 감정초점치료(EFT)는 겉감정과 속감정을 구분해 속마음을 인식하고 표현하는 과정을 회복과 치유의 핵심으로 봅니다. (Greenberg, 2011; Elliott et al., 2004)

오늘 해 볼 것: 최근에 느낀 강한 겉감정 *(예: 짜증)*

    그 겉감정 아래에 숨어 있던 속감정(속마음)

    (예: 하고 있는 일의 마무리 임박해 불안하고 두려움)

    감정에게 따뜻한 말 *(예: 고생하네. 잘하고 싶었구나. 널 믿어. 잘될 거야.)*

    그 감정을 바라봤을 때 생긴 변화 *(예: 마음이 풀리고 안심됨)*

미션: 겉감정 너머에 있는 속감정을 바라보며, 진짜 나를 따뜻하게 안아주세요.

오늘의 기록 : 겉감정과 속감정:

    속감정을 마주했을 때 느낀 점:

    그 감정에게 전하고 싶은 따뜻한 말:

DAY 13 체크: ▫ 겉감정과 속감정 ▫ 감정 속 진짜 나를 다정하게 이해하기

DAY 14

감정을 품은 나, 어떤가요?

오늘의 핵심: "감정을 억누르지 않고 바라봐 준 나, 그건 가장 따뜻하고 용기 있는 선택"

왜 이 연습을 하나요?: 감정을 되돌아보는 일은 단순한 회상이 아니라, 감정의 통합과 자기 회복을 가능하게 하는 과정입니다. 불안·우울이 줄고, 자기연민과 회복탄력성이 높아졌다는 연구가 있어요. 이러한 성찰은 다음 감정을 맞이할 여유와 마음의 공간을 만들어 줘요.

* 연구에 따르면 감정을 돌아보는 일은 마음을 치유하고 통합하는 힘이 있습니다. (Pennebaker (1997), Neff & Germer (2013), Greenberg (2011))

오늘 해 볼 것: 지난 일주일 중 가장 기억에 남는 감정 *(예: 무기력)*
　　　　　　　그 감정의 태도와 현재의 감정 *(예: 그땐 자책했지만, 지금은 인정해.)*
　　　　　　　나에게 따뜻한 말 *(예: 나를 몰아세우지 않고 감정을 알아줘서 고마워.)*
　　　　　　　감정이 올라올 때 사용할 문장 *(예: 괜찮아. 그 감정도 나의 일부야.)*
미션: 감정과 함께한 지난 나를 돌아보며, 나에게 따뜻한 칭찬 한마디

오늘의 기록: 가장 기억에 남는 감정:
　　　　　　　그 감정을 통해 알게 된 나의 진짜 마음:
　　　　　　　감정을 받아들였을 때 생긴 변화:
　　　　　　　나에게 따뜻한 칭찬 한마디:

DAY 14 체크: ☐ 일주일 감정 ☐ 내 마음 살피기 ☐ 감정 수용 변화 ☐ 칭찬 한마디

오늘도 나를 다정히 안아주는 중입니다

3

있는 그대로의
나를 존중하는 연습

DAY 15

나를 인정하는 연습

오늘의 핵심: "있는 그대로의 나를 바라보는 것, 그게 회복의 시작이에요."

왜 이 연습을 하나요?: 우리는 자주 "나 왜 이러지?"라며 스스로를 비난하고 판단하기 쉬워요. 하지만 진짜 회복은 있는 그대로의 나를 허락하는 마음에서 시작돼요. 지금 내 모습도 괜찮아하고 다정하게 인정해 주는 것, 그것이 자존감 회복의 가장 따뜻한 출발점이에요.

* 연구에 따르면 자기수용은 심리적 웰빙과 회복탄력성의 가장 주요한 핵심 요소입니다. (Ryff, 1989 / Neff, 2003)

오늘 해 볼 것: 지금의 나를 떠올리기 *(예: 가끔 미루고 계획대로 안될 때 조급함)*

      판단 없이 바라보며 '그래, 이게 나야'라고 말해 보기

      꼭 좋아하려 하지 않아도 OK.

      (예: 아직 미숙해도 그 모습도 나야. 있는 그대로도 괜찮아.)

      다정한 말 건네기 *(예: 애쓰고 있는 모습 멋져. 훌륭해)*

미션: 지금의 나를 판단 없이 바라보며, 조용히 "그래, 이게 나야"라고 말해 주세요.

오늘의 기록: 지금 떠오른 있는 그대로의 나:

      그 모습을 바라봤을 때의 내 감정:

      나를 판단 없이 바라보는 데 방해가 된 것:

      오늘 나에게 다정한 말:

DAY 15 체크: ☐ 나를 그대로 떠올리기 ☐ '이게 나야' 말하기 ☐ 다정한 말

오늘도 나를 다정히 안아주는 중입니다

DAY 16

부족한 나도 괜찮아요

오늘의 핵심: "부족한 나를 외면하지 않고 품어 주는 순간, 진짜 회복이 시작돼요."

왜 이 연습을 하나요?: 우리는 실수하거나 서툴렀던 순간을 '잊고 싶다', '창피하다'라고 느끼곤 해요. 하지만 그 장면 속의 나는 최선을 다한 나였고, 그런 나조차 품을 수 있을 때 비로소 자기연민이 시작돼요.

* 연구에 따르면, 자기연민은 자기비판보다 더 효과적인 회복 전략이며, 완벽하지 않은 나를 인정하고 이해할 때, 진짜 자기수용이 일어나고 삶의 중심이 회복된다고 해요. (Neff & Germer, 2013)

오늘 해 볼 것: 실수했던 기억 (예: 발표 도중 머릿속이 하얘져 말을 잊지 못함)

　　　　　그 장면 속의 나에게 따뜻하게 말

　　　　　(예: 많이 당황했지. 그래도 용기 내서 발표한 너. 멋졌어.)

　　　　　'그래도 너는 너야'라는 말의 힘 느껴 보기

　　　　　(예: 실수해도 그건 너의 일부분일 뿐. 전부가 아니야. 넌 여전히 소중해.)

미션: 실수하거나 서툴렀던 나를 떠올리고, '그래도 너는 너야'라고 다정히 말해 주기

오늘의 기록: 떠오른 부족한 내 모습:

　　　　　그때 올라온 감정:

　　　　　지금 그때의 나에게 전하는 따뜻한 말:

DAY 16 체크: ▫ 부족했던 순간　▫ 그때 내 감정과 욕구　▫ 나에게 따뜻한 말 건네기

DAY 17

나는 어떤 선택을 할 수 있을까?

오늘의 핵심: "지금, 이 순간, 나를 선택한다는 건 그 무엇보다 강력한 사랑의 표현이에요."

왜 이 연습을 하나요?: 우리는 "어쩔 수 없었어"라는 말로 삶의 핸들을 놓아 버릴 때가 많아요. 하지만 아주 작은 순간에도 내가 고를 수 있는 선택은 존재해요. 그 선택이 자율성과 회복의 출발점이 됩니다.

* 연구에 따르면, 자기결정은 자율성과 회복의 핵심이며, 완벽하지 않아도 내가 선택하고 있다는 감각이 삶의 동기를 높인다고 해요. (Deci & Ryan, 2000; Ryan & Deci, 2017)

오늘 해 볼 것: 의미 있었던 과거의 선택 *(예: 친구에게 서운함 표현)*
선택이 남긴 감정과 힘 *(예: 날 미워할까 두려웠지만 솔직한 감정 연결)*
내가 할 수 있는 작은 선택 하나 실천 *(예: 자기 전 10분 명상)*
"이건 내가 고른 거야" 복창

미션: 오늘 내가 한 작은 선택을 떠올리고 '이건 내가 고른 거야'라고 다정하게 말하기

오늘의 기록: 의미 있었던 과거의 선택:
그 선택이 남긴 감정과 힘:
오늘 선택한 나를 위한 행동:

DAY 17 체크: ☐ 과거의 선택 한 가지 ☐ 그 선택이 남긴 감정 ☐ 나를 위한 선택 실천

DAY 18

비교 대신 나를 봐요

오늘의 핵심: "비교가 아닌 관찰, 평가가 아닌 이해. 지금 여기에 있는 나를 조용히 바라봐 주는 것부터 시작해요."

왜 이 연습을 하나요?: "나는 왜 저 사람처럼 못하지?" 이런 비교는 자기 비난과 열등감을 키우고, 자기수용과 성장의 여지를 좁혀요. 비교 대신, 지금 여기 있는 나를 관찰하는 태도는 회복탄력성을 키우는 시작점이 됩니다.

* 연구에 따르면, 비교는 자존감 저하와 정서 불안을 높이는 반면, 자기기준을 세운 사람은 더 높은 심리적 웰빙과 회복탄력성을 보인다고 해요. (Vogel et al., 2014; Neff, 2011)

오늘 해 볼 것: 최근 비교했던 순간 (예: 회의에서 다른 직원이 조리 있게 말한 순간)

그 비교 속 감정과 욕구 (예: 난 그렇게 못한다는 좌절감, 인정욕구)

"나는 나만의 속도로 가고 있어" 말해 보기

비교 대신 나와 연결되는 말 (예: 예전보다 좋아졌어. 계속 성장 중이야.)

미션: 비교의 순간을 떠올리고, 그 안에 숨은 내 마음을 바라보며 다정한 말 건네기

오늘의 기록: 비교했던 대상과 부러웠던 점:

그때 느꼈던 감정과 바람:

나에게 해 주고 싶은 다정한 말:

DAY 18 체크: ☐ 비교했던 순간 ☐ 그 안에 감정과 욕구 ☐ 나를 다시 바라보기

DAY 19

내 안에 있는 가능성 보기

오늘의 핵심: "가능성은 멀리 있는 게 아니에요. 당신 안에 조용히 숨 쉬고 있었어요."

왜 이 연습을 하나요?: 우리는 실수와 단점은 쉽게 기억하면서 성장한 순간, 해냈던 일들은 너무 빨리 잊어버려요. 하지만 과거의 경험 속에는 내 강점과 가능성의 씨앗이 숨어 있어요. 그것을 다시 꺼내 보는 일은, 자기 신뢰의 회복이에요.

* 연구에 따르면, 자신의 강점을 자주 활용한 사람은 우울감이 줄고, 삶의 의미와 만족감이 높아졌다고 해요. (Seligman et al., 2005; Govindji & Linley, 2007)

오늘 해 볼 것: 최근 해냈던 작고 사소한 일 2~3가지 *(예: 다이어리 작성, 꾸준한 운동)*
그 속에 숨은 나의 강점 *(예: 꾸준함, 자기돌봄)*
그 강점을 기반으로 새롭게 시도해 보고 싶은 일 *(예: 감사일기 챌린지)*
"나는 해 본 적 있어. 그리고 다시 시작할 수 있어."라고 말해 보기

미션: 내가 해낸 작은 일들 속에서 나의 가능성과 장점을 찾고, 나를 따뜻하게 격려하기

오늘의 기록: 내가 해낸 사소한 일 3가지:
그 속에서 발견한 나의 강점:
앞으로 도전해 보고 싶은 일:
오늘 나에게 전하는 격려의 말:

DAY 19 체크: ▢ 최근 성취한 작은 일 2~3가지 ▢ 그 안의 강점 찾기
▢ 도전하고 싶은 일 ▢ 격려의 말

오늘도 나를 다정히 안아주는 중입니다

DAY 20

나를 응원하는 문장을 만들어요

오늘의 핵심: "외부의 말보다, 자신에게 해 주는 한 마디가 삶 전체를 바꿀 수 있어요."

왜 이 연습을 하나요?: 우리는 힘들 때 자신에게 가혹한 말을 먼저 던져요. 하지만 자기 긍정 문장은 자기비판을 완화하고 감정 균형을 회복하는 데 큰 힘이 돼요.

* 연구에 따르면, 자기 긍정은 스트레스와 자기 의심을 줄이고 자존감, 회복탄력성, 목표 동기를 높여 준다고 해요. (Sherman & Cohen, 2006; Creswell et al., 2005)

오늘 해 볼 것: 지난 3주간 내게 남았던 위로의 말 (예: 이만큼 해낸 너, 정말 대단해.)
　　　　　　 그 말을 한 줄 자기응원 문장 (예: 충분히 잘 하고 있어. 지금도 충분해.)
　　　　　　 문장을 시각적으로 눈에 보이는 곳에 적어두기 (예: 책상 앞, 핸드폰)
　　　　　　 하루 한 번 이상, 소리 내 읽는 연습 (예: 아침 또는 자기 전)

미션: 지금 나에게 가장 필요한 응원의 한 문장을 만들고 매일 읽기

오늘의 기록: 지지하고 싶은 상황:
　　　　　　　그때 듣고 싶었던 말:
　　　　　　　오늘 만든 나만의 응원 문장:

DAY 20 체크: ☐ 3주 동안 위로가 된 말　☐ 자기응원 문장　☐ 하루 한 번 이상 되뇌기

DAY 21

나를 선택한 일주일, 어땠나요?

오늘의 핵심: "내가 나를 선택한 날들, 누구도 대신할 수 없는 자기 성장의 여정이었어요."

왜 이 연습을 하나요?: 지난 일주일 동안 당신은 비교 대신 자기 자신을 바라보고, 부족함을 품고, 가능성을 인정하며 자신을 지지하는 법을 배웠어요.

* 연구에 따르면, 회고(reflection)는 경험을 통합하고 자존감을 강화하며, 자기 효능감과 삶의 방향성을 높여 준다고 해요. (Pennebaker, 1997; Schön, 1983)

오늘 해 볼 것: 지난 일주일 중 가장 인상 깊었던 실습
  실습으로 알게 된 변화와 나의 모습
  가장 자랑스러웠던 순간 정리
  앞으로도 이어 가고 싶은 루틴

미션: 비교 대신 나를 선택한 일주일, 당신의 용기에 박수를 보냅니다.

오늘의 기록: 가장 기억에 남는 실습:
  그 실습이 가져온 가장 큰 변화:
  앞으로 이어 가고 싶은 루틴:
  나에게 해 주는 축하와 격려 한마디:

DAY 21 체크: ☐ 기억에 남는 실습 ☐ 느꼈던 변화 ☐ 작은 루틴 ☐ 나에게 따뜻한 말

오늘도 나를 다정히 안아주는 중입니다

4

감사의 마음이
긍정을 만든다

DAY 22

고마운 것을 느낀 순간

오늘의 핵심: "감사는 억지로 끌어내는 게 아니라, 내 마음이 살짝 부드러워졌던 그 순간에서 시작돼요."

왜 이 연습을 하나요?: 감사는 특별하거나 거창한 일이 아니라, 내 마음의 온도가 1도쯤 올라갔던 순간을 떠올리는 감각이에요. 지나간 하루에서 마음이 따뜻해졌던 찰나를 다시 꺼내 볼 수 있다면, 그건 이미 충분히 괜찮은 하루였어요.

*연구에 따르면, 감사를 느끼는 것만으로도 심박이 안정되고, 스트레스가 줄고, 삶에 대한 만족도와 신뢰가 높아진다고 해요. (Emmons & McCullough, 2003; Wood et al., 2010)

오늘 해 볼 것: 하루 중 마음이 부드러워졌던 순간 (예: 퇴근길 파란 하늘을 봤을 때)
　　　　　　그 순간 있었던 사람, 상황, 감정 (예: 혼자였지만 마음이 뭉클해짐)
　　　　　　"참 고마웠어." 말하기 (예: 하늘아, 뭉클한 마음을 심어줘서 고마워)
　　　　　　그 순간의 따뜻함을 다시 느끼기 (예: 그때 온기가 다시 내 안에 퍼짐)

미션: 감사는 거창하지 않아도 돼요. 오늘 내 마음이 살짝 웃어준 순간을 기록해요.

오늘의 기록: 고마움을 느낀 순간:
　　　　　그때 느낀 감정:
　　　　　그 대상에게 해 주고 싶은 말:

DAY 22 체크: ☐ 하루 중 따뜻했던 순간　☐ 고마운 마음 표현　☐ 감사 낭독

DAY 23

고마운 사람에게 감사를 표현해요

오늘의 핵심: "감사는 마음속에만 두는 게 아니라, 전할 때 진짜 따뜻해져요."

왜 이 연습을 하나요?: "말 안 해도 알겠지"보다 "말해 줘서 고마워"라는 표현이 우리 관계를 훨씬 깊고 따뜻하게 만들어 줘요.

* 연구에 따르면, 감사를 표현하는 행위는 관계 만족도와 심리적 안정감을 높이고, 정서적 연결과 행복감을 증진한다고 해요. (Algoe et al., 2008; Emmons & McCullough, 2003)

오늘 해 볼 것: 고마웠던 사람 떠올리기 *(예: 엄마)*

그 사람이 해 줬던 말이나 행동 *(예: '잘하고 있어'란 한마디)*

그때 느꼈던 감정 *(예: 나 혼자가 아니라는 느낌)*

감사의 마음을 직접 전하거나 글 작성 *(예: 그런 말을 해 줘서 고마워)*

미션: 감사는 말로 전할 때 진짜 온기가 되어 퍼져요. 오늘, 따뜻한 용기를 내 보세요.

오늘의 기록: 감사한 사람이 떠오른 순간:

그 사람이 해 준 행동이나 말:

그때 느꼈던 감정:

지금 전하고 싶은 감사의 말:

DAY 23 체크: ☐ 감사했던 사람 한 명 ☐ 그 사람이 해 준 행동이나 말
  ☐ 그때의 감정 ☐ 말 또는 글로 감사 표현

DAY 24

나에게도 고마움을 건네요

오늘의 핵심: "나는 나에게 고마움을 받을 만큼 충분히 소중한 사람이에요."

왜 이 연습을 하나요?: 우리는 다른 사람에겐 "고마워"를 쉽게 말하지만, 자신에게는 무척 인색해지곤 해요. 하지만 사실, 견디고 버티고 노력했던 순간들은 당연한 게 아니라 고마운 순간이었어요.

* 연구에 따르면, 자기 자신에게 감사를 표현하는 행위는 자존감, 회복탄력성, 정서적 안정, 자기신뢰를 높여 준다고 해요. (Neff & Germer, 2013; Smeekes et al., 2022)

오늘 해 볼 것: 잘 버텨 낸 순간 떠올리기 *(예: 집필을 포기하고 싶었지만 끝까지 해냄)*
　　　　　　그때 내가 어떤 마음으로 견뎠는지 되돌아보기
　　　　　　(예: 내 글에 단 한 사람이라도 도움을 받을 수 있다면 끝까지 쓴다.)
　　　　　　말로 '고마워' 전해 보기 *(예: 포기하지 않고 집필을 끝내 줘서 고마워!)*
　　　　　　편지로 써 보는 것도 추천! *(예: 정말 멋졌어! 수고했어!)*

미션: 나라는 사람은 고마움을 받을 자격이 있어요. 자신에게 따뜻한 인사를 건네요.

오늘의 기록: 나에게 고마움을 전하고 싶은 순간:
　　　　　　그때의 나의 마음과 태도:
　　　　　　그 시절의 나에게 해 주고 싶은 말:
　　　　　　오늘 느낀 '나를 향한 고마움'의 감정:

DAY 24 체크: ☐ 나에게 고마운 순간　☐ 그때 나의 노력을 진심으로 돌아보기
　　　　　　　☐ 고맙다는 말 건네기

오늘도 나를 다정히 안아주는 중입니다

DAY 25

불편했던 일에서 감사 찾기

오늘의 핵심: "감사는 반드시 좋은 일에서만 오는 게 아니에요. 불편했던 일 속에도 나를 성장시킨 선물이 있어요."

왜 이 연습을 하나요?: 그땐 분명 속상했지만, 시간이 흐른 뒤에야 깨닫게 되는 의미 있는 경험들이 있어요. 그 속에서 감사할 수 있는 지점을 발견하는 힘은 삶을 더 깊이 이해하고 회복하는 능력입니다.

* 연구에 따르면, 인지적 재해석을 잘하는 사람은 스트레스에 유연하게 대처하며, 우울과 불안이 낮고 회복 탄력성이 높다고 해요. (Troy et al., 2010; Emmons & Stern, 2013)

오늘 해 볼 것: 최근 또는 과거의 불편했던 경험 (예: 업무에서 실수한 뒤 자책한 날)
  그때의 감정과 생각 (예: 팀에 피해를 줬어. 왜 이렇게 생각이 짧을까?)
  실수에서 배움과 변화 (예: 실수 덕분에 같은 문제 반복하지 않게 됨)
  그 경험에 짧은 감사의 말 (예: 그 경험 덕에 성장했어요.)

미션: 불편한 순간이 나를 더 단단하고 따뜻하게 만들어요. 모든 순간이 다 소중합니다.

오늘의 기록: 불편했던 경험:
  그때의 감정:
  지금 느끼는 의미나 배움:
  그 경험에 전하고 싶은 말:

DAY 25 체크: ▢ 불편한 경험 ▢ 그때의 감정과 생각 ▢ 그 일 속의 배움과 변화

DAY 26

감사일기 써 보기

오늘의 핵심: "감사는 느끼는 것에서 그치지 않고, 적을 때 마음에 새겨지는 감정이에요."

왜 이 연습을 하나요?: 하루 중 고마운 일을 글로 적는 것만으로도 삶을 바라보는 시선이 조금씩 따뜻하게 달라져요.

* 연구에 따르면, 감사일기를 매일 3가지씩만 써도 삶의 만족감, 자기수용, 관계 만족도가 눈에 띄게 높아지고 정서 회복 능력도 함께 향상된다고 해요. (Emmons & McCullough, 2003; Wong et al., 2018)

오늘 해 볼 것: 하루 중 감사했던 순간 3가지 *(예: 따뜻한 차, 친구의 연락)*
　　　　　　순간마다 느꼈던 감정 *(예: 마음이 포근, 소중한 존재라는 안정감)*
　　　　　　감사일기를 마무리 *(예: 오늘도 곁에 있어 준 너, 항상 고마워)*

미션: 감사를 적는 순간, 내 삶은 더 따뜻해져요. 기록으로 감정을 머무르게 해 봐요.

오늘의 기록: 감사했던 일 3가지:
　　　　　　각 순간 느낀 감정:
　　　　　　오늘의 나에게 전하는 한마디:

DAY 26 체크: ▢ 감사한 순간 3가지　▢ 감정과 연결과 표현
　　　　　　　▢ 나에게 전하는 한마디

오늘도 나를 다정히 안아주는 중입니다

DAY 27

감사 루틴 만들기

오늘의 핵심: "감사는 감정이자 기술이에요. 지속해서 훈련할수록 마음속에 근육처럼 자리 잡아요."

왜 이 연습을 하나요?: 감사는 그저 '느끼는 것'이 아니라 내가 매일 선택할 수 있는 마음의 습관이에요. 특히 특정 시간대에 감사를 실천하는 '감사 루틴'을 만들면 내 삶 전체의 정서적 안정감과 회복력이 향상돼요.

* 연구에 따르면, 감사 루틴을 3주 이상 실천한 사람들은 감정 기복이 줄고, 회복탄력성, 관계 만족도, 수면의 질까지 향상된다고 해요. (Rash et al., 2011; Jackowska et al., 2016)

오늘 해 볼 것: 혼자 있는 시간 확인 *(예: 잠들기 전, 샤워할 때)*
그 시간에 할 수 있는 감사 루틴 *(예: 거울 보며 '고마워' 말하기)*
감사 루틴을 도와줄 장치 *(예: 잘 보이는 곳 스티커 붙이기)*

미션: 감사는 마음의 근육을 튼튼하게 하는 일, 거울을 보며 '고마워'라고 말하세요.

오늘의 기록: 감사 루틴 시간:
기대하는 변화:
나에게 해 주고 싶은 말:
루틴 장치:

DAY 27 체크: ☐ 루틴 시간   ☐ 기대 변화   ☐ 루틴 장치

DAY 28

감사로 마무리하는 일주일

오늘의 핵심: "이제 당신은 감사를 느끼는 사람을 넘어, 삶에 새긴 사람입니다."

왜 이 연습을 하나요?: 일주일간 감사하는 마음을 표현하고, 습관화하는 실습을 이어 오며 우리는 '감사'를 일시적인 감정이 아닌 삶의 태도로 만들어 왔어요.

* 연구에 따르면, 일상 속 감사 회고는 자존감, 공감 능력, 관계 만족도, 전반적인 삶의 웰빙을 높이는 가장 강력한 정서적 전략입니다. 감사는 우리의 시선을 따뜻하게 바꾸고, 작은 일상의 순간까지 의미 있게 만들어 줍니다. (Davis et al., 2016 Bartlett & DeSteno, 2006)

오늘 해 볼 것: 가장 인상 깊었던 실습
　　　　그때 느낀 감정과 변화를 기록하기
　　　　앞으로도 이어 가고 싶은 감사 습관 정하기
　　　　나에게 마지막으로 고마움을 전하기

미션: 이 여정을 걸어 준 나에게 스스로 감사 인사를 건네요.

오늘의 기록: 가장 인상 깊었던 실습:
　　　　그 실습이 남긴 감정:
　　　　감사를 실천하며 느낀 내면의 변화:
　　　　앞으로도 이어 가고 싶은 감사 루틴:

DAY 28 체크: ☐ 인상 깊었던 감사 실습 ☐ 내 안의 변화 인식 ☐ 감사 루틴

오늘도 나를 다정히 안아주는 중입니다

5

나다운 삶으로
미래 그리기

DAY 29

나다운 삶, 어떤 모습일까요?

오늘의 핵심: "나다운 삶은, 조용하지만 단단하게 내면에서 시작됩니다."

왜 이 연습을 하나요?: '나다운 삶'을 구체적으로 상상하고 언어로 표현하는 일은 자기 개념의 명료도를 높이고, 삶의 방향성과 일관성을 세우는 데 큰 힘이 됩니다.

* 연구에 따르면, 자기 삶에 의미와 목적을 부여할수록 정신 건강과 삶의 만족도가 높아지고 무기력, 혼란, 우울감을 벗어날 수 있다고 해요. (Sheldon & Elliot, 1999, McKnight & Kashdan, 2009)

오늘 해 볼 것: 내가 생각하는 나다운 상태
  (예: 불완전함을 인정하면서도 그 속에 있는 본질을 잃지 않은 나)
  내 삶을 지탱하는 가치와 태도 (예: 진정성, 연민, 연결)
  지켜나가고 싶은 마음가짐 (예: 흔들려도 중심 잃지 않기)
  나다운 삶을 선언 (예: 나답게 살아도 괜찮아)

미션: '나다운 삶을 살아도 괜찮아'라고 스스로 선언하며 내 삶의 방향을 그려 보세요.

오늘의 기록: 내가 느끼는 '나다운 삶'의 모습:
  나의 핵심 가치:
  지켜가고 싶은 마음가짐 또는 태도:
  삶을 향한 선언 한마디:

DAY 29 체크: ☐ 나다운 상태 ☐ 가치 정리 ☐ 지키고 싶은 태도 ☐ 삶의 선언 한마디

오늘도 나를 다정히 안아주는 중입니다

DAY 30

매일의 선택이 내가 된다

오늘의 핵심: "삶은 단 한 번의 거대한 결심이 아니라, 매일의 작고 다정한 선택으로 완성됩니다."

왜 이 연습을 하나요?: 오늘은 실천 루틴을 직접 선택하고 선언하는 날이에요.

* 연구에 따르면 내가 스스로 정한 작은 행동은 '자기결정감'을 키워 주고, 자존감과 통제감을 높이는 심리적 기폭제가 됩니다. (Gollwitzer, 1999, Baumeister et al., 2007)

오늘 해 볼 것: 나에게 꼭 맞는 작은 루틴 *(예: 아침 1문장 감사, 몸 쓰다듬기)*
그 루틴이 지켜주는 가치 *(예: 긍정적 하루 시작, 자존감 있게 시작)*
자신을 격려하는 방법 *(예: 거울 보며 '잘했어' 말해 주기)*
나에게 보내는 선언문 *(예: 나는 매일, 나를 잊지 않는 선택을 할 거예요)*

미션: 나를 지키는 작고 따뜻한 루틴을 만들고, 이유와 응원 방식도 정해요.

오늘의 기록: 내가 정한 루틴:

그 루틴을 하는 이유와 가치:

실천을 유지하기 위한 응원 방법:

나를 향한 짧은 선언문:

DAY 30 체크: ☐ 루틴 설정 ☐ 그 이유와 가치 ☐ 격려 방법 ☐ 짧은 선언문 지금 당신은 '삶을 선택할 수 있는 사람', '자신을 꾸준히 지켜 줄 수 있는 사람' 그리고 무엇보다 '지금 이 순간의 나를 진심으로 사랑할 수 있는 사람'이 되었어요. DAY 30까지 걸어온 당신, 정말 대단하고, 정말 멋져요. 이 여정의 끝은 새로운 시작입니다. 당신이 정한 방향으로, 앞으로의 삶도 조금씩, 천천히, 그러나 분명하게 빛나길 진심으로 응원할게요. 오늘도 정말 잘했어요. 그리고 이 모든 여정을 걸어온 당신에게 박수를 보냅니다.

에필로그

내가 나에게 도착하는 길

처음 이 글을 쓰기 시작했을 때, 나는 두려움과 기대 사이에 서 있었다. 잘 할 수 있을까, 끝까지 할 수 있을까, 누군가에게 도움이 될 수 있을까. 하지만 결국 나는 이 모든 질문보다 더 중요한 답을 찾아냈다. 나는 나에게 도착하는 길을 스스로 만들고 있었다는 것.

매일의 글쓰기는 단지 문장을 쌓는 일이 아니었다. 몸을 살피고, 감정을 들여다보고, 숨기고 싶었던 마음을 꺼내어 썼다. 그 과정에서 나를 조금 더 객관적으로 들여다보고 분석했다. 누군가의 기대에 맞춰 살아온 날들 속에서 잃어버렸던 나를 하루하루 조심스럽게 불러내는 작업이었다.

'거짓된 삶 속에 갇힌 나.', '누구나 숨고 싶을 때가 있다', '내가 느끼고 생각한 그대로 옳다' 그 제목 하나하나 모두 내 이야기를 담았고, 그 진심들이 이 여정을 함께 걷는 누군가에게 닿기를 바라는 기도로 쓰였다. 쓰면서 멈추고 싶을 때도 있었다. 두려움이 나를 붙잡고, '너가 무슨 책을 쓰니?'라는 목소리가 속삭였다. 하지만 그럴 때마다 내 안의 작고 단단한 목소리가 말했다. '괜찮아, 네가 지금 하는 이 일은 너 자신을 회복시키고 있어.' 그리고 어느 누군가에게는 도움이 될 것이라는 목소리가 들렸다. 힘들어도 끝까지 가야 했다.

그리고 마침내, 이 글쓰기의 여정이 끝났다. 하지만 이것은 완성이 아니라 시작이다. 나는 이 글들을 통해 '나다운 삶'이 무엇인지, 그 삶을 어떻게 조금씩 지켜낼 수 있는지를 배웠다. 완벽하지 않지만, 진실한 나의 말들로, 나를 쓰다듬을 수 있게 되었다. 한걸음, 또 한걸음. 나는 나에게 아주 천천히 도착했다. 빠르게 가지 않아도 된다. 멈춰 있어도 괜찮다. 심지어 넘어져 있어도, 내가 나에게 다가갈 수 있다. 그저 내 마음과 몸에서 들려오는 목소리에 잠시 귀 기울여 주면 된다. 그것이 내가 나에게 도착하는 길이다.

두려워해도 된다. 내가 나를 마주하는 일이 처음이니까. 세상의 중심에 나를 놓고 목소리를 내자. 상대는 사실 내 이야기에 큰 관심이 없다. 다들 바쁘다. 혹여 누군가가 나를 평가한들, 그 말은 크게 관여하지 않아도 된다. 그 사람들은 나를 자세히 모르고 하는 소리다. 그러니 모두에게 사랑받을 생각을 버리자. 나만큼 나를 아는 사람은 없다. 나를 잘 아는 내가 나를 존중하고 사랑해야 한다.

당신은 어떠한가?
당신은 당신에 대해 잘 알고 있는가?
그리고 타인의 한마디에 스스로를 단정 지으며 상처받고 있지 않은가?
그럴 수 있다. 내가 나를 믿지 못했고 그저 평범함을 쫓으며 살아왔으니까. 그러나 이제는 안다. 내 안에는 타인이 부여한 틀이 아닌, '나만의 색'과 '나만의 온도'를 가진 내가 숨 쉬고 있다는 것을.

그것들은 내 안에서 표현되기를 기다리고 있었다. 조금의 위로와 관심을 보내면, 용기 내어 모습을 드러냈다. 표현하고, 드러내고, 나를 알아가는 과정이 반복될수록 나는 나에게 감동했고, 그것이 진짜 기쁨이라는 것을 느꼈다.

타인이 나를 정의할 수 없다. 타인의 말은 내 전부가 아니다. 그것은 내 안의 수많은 파편 중 하나일 뿐이다. 그 사실을 깨달았을 때, 나는 있는 그대로의 가치 있는 존재임을 알게 되었다. 그리고 그것은 나에게만 해당하지 않는다. 세상 누구라도, 있는 그대로의 가치와 소중함을 가지고 있다는 것을 알게 되었다. 이 깨달음은 이 세상에 대해 나를 조금 더 따뜻한 사람으로 만들어 주었다.

이제 나는 안다.
내가 나에게 친절할 수 있을 때,
나도 누군가에게 다정해질 수 있다는 것을.

나는 더 이상 완벽을 꿈꾸지 않는다. 완벽한 하루보다, 진심 어린 하루를 살고 싶다. 누군가에게 잘 보이기 위한 삶보다, 나를 위한 삶을 선택하고 싶다. 내가 느끼고, 생각하고, 원하는 것을 솔직하게 마주하고 싶다. 그게 내가 나에게 도착하는 방식이다. 그리고 그 길 위에서 모든 사람에게 사랑받을 생각 따위는 버려 버리고 자유롭고 따뜻한 나로 살아가고 싶다.

이제는 당신의 차례다. 이 여정을 함께 걸어온 당신은 이미 많은 것을 이뤄 냈다. 작은 용기를 냈고, 감정에 이름을 붙였고, 나를 위한 선택을 해냈다. 불편했던 기억에 작은 고마움을 보내 주었고, 스스로에게 미소 지어 주었다. 당신만의 리듬으로, 당신만의 호흡으로, 천천히, 그러나 진심으로 스스로에게 도착하는 길을 걸어가 주기를 바란다. 그리고 기억해 주었으면 한다. 나다운 삶은 거창하거나 멋질 필요가 없다. 오늘 내가 나를 선택하는 그 순간부터 시작된다. 그 작은 선택들이 모여, 어느 날 당신도 이렇게 말할 수 있을 것이다.

"이제는 내가 나를 지켜 줄 수 있어요."

그리고 그날, 온 마음을 다해 이 글을 썼던 이유를,
우리가 모두 '자기 자신으로 살아가는 사람'으로 살아가야 하는 이유를
비로소 온몸으로 느낄 수 있을 것이다.

마지막으로 이 책이 세상에 나오기까지 힘이 되어 준 가족들에게 고마움을 전하며 이 글을 마친다.